Körtzinger · Allein durch Island per Fahrrad

W0189072

Für Andrea

Arne Körtzinger

Allein durch Island
per Fahrrad

Pietsch Verlag Stuttgart

Umschlaggestaltung: Siegfried Horn

ISBN 3-613-50071-X

1. Auflage 1988
Copyright © by Pietsch Verlag, Postfach 1370, 7000 Stuttgart 1.
Eine Abteilung des Buch- und Verlagshauses Paul Pietsch GmbH & Co. KG.
Satz und Druck: Druckerei Maisch + Queck, 7016 Gerlingen
Bindung: Verlagsbuchbinderei K. Dieringer, 7016 Gerlingen.
Printed in Germany.

Inhalt

VORWORT

Es gibt – so meine ich – zwei gute Gründe, ein Buch wie dieses zu schreiben.

Zum einen hat das Fahrrad in den letzten Jahren ein grandioses Comeback gefeiert, und das nicht nur als alltägliches Fortbewegungsmittel, sondern auch als Reisegefährt. Die moderne Fahrradtechnik hat hierzu sicher nicht unbeträchtlich beigetragen. Besonders aber kommt hierin wohl die Suche nach alternativen, aktiveren Reiseformen zum Ausdruck.

Zum anderen ist das im fernen Nordatlantik gelegene Island – jene sagenumwobene »ultima Thule« – vom Geheimtip einiger Unentwegter zu einem zunehmend beliebten Reiseziel geworden. Im Jahr 1986 hat man mehr als 113000 Touristen gezählt. Dicsc Zahl mag zwar auf den ersten Blick gering erscheinen, ist diese Größenordnung doch beispielsweise für einige ostfriesische Inseln nichts Außergewöhnliches. Angesichts der isländischen Infrastruktur und der höchst empfindlichen Natur aber sind hier bereits – zumindest was den Sommertourismus angeht – Grenzen erreicht, die nicht ohne Federnlassen überschritten werden können.

Nicht umsonst wird heute viel von »sanftem Tourismus« gesprochen. Auch in Island beginnt man, sich hierüber ernste Gedanken zu machen. So haben die steigenden Touristenzahlen bereits die Naturschützer auf den Plan gebracht.

Dieser Entwicklung – positiv wie negativ – soll das Buch Rechnung tragen. Es soll seinen Beitrag leisten zu dem erfreulichen Interesse an Island und zugleich zum gedankenvollen Umgang mit diesem Land auffordern.

Dieses Buch kann und will dabei kein vollständiger Reiseführer sein, sondern möchte möglichst viel von dem Abenteuer Island vermitteln und all jene Informationen und Tips bieten, die mir für den Radtouristen wichtig erscheinen.

In diesem Sinne wünsche ich eine erlebnisreiche Reise...

PLÄDOYER FÜR DAS RAD

Man kann Island mit dem Geländewagen erfahren, und erfährt es doch nur halb...

Ich will mein Plädoyer für das Rad derart provokativ beginnen. Ob Fahrrad oder Auto, ist eben nicht nur eine Frage der Quantität, gemessen in Kilometern und »abgehakten Highlights«, sondern vor allem eine Frage der Qualität. Im Zeitalter der Motorisierung ist das Fahrrad wieder zu einem »zeitgemäßen« Fortbewegungsmittel geworden.

Wer im Rhythmus unserer schnellebigen Zeit rasch viele »Sehenswürdigkeiten« erreichen und einigermaßen komfortabel, vor Wind und Wetter geschützt, große Distanzen hinter sich bringen will, ist im Auto sicher gut aufgehoben. Wer aber »Sehenswürdigkeiten« nicht auf ansteuerbare Ziele reduziert, wer die Fortbewegung als Erlebnis und Prozeß des Kennenlernens begreift, der steige um auf das Rad. Der Radfahrer »erfährt« mit all seinen Sinnen, daß Vorwärtskommen mehr ist, als hinter Windschutzscheiben passiv zu staunen. Er spürt Gerüche in der Luft, Wind in seinem Haar, Regen auf seiner Haut, und er weiß am besten, was grausige Pisten sind...

Sicherlich ist Island kein Radfahrland par excellence, gewiß braucht man hier gute Kondition und Ausrüstung, zweifellos stellen Straßen und Wetter harte Anforderungen an den Radler. In jedem Falle aber wird er ein Erlebnis mit nach Hause nehmen können, das alle Strapazen und so manchen Fluch mehr als fürstlich belohnt.

Die »Norröna« im Hafen von Tórshavn

2000 Kilometer mit dem Fahrrad durch Island

ALLER ANFANG IST SCHWER

Bremen Hauptbahnhof, morgens kurz vor sieben. Neben mir steht mein grünes Mountainbike und ein wahrer Berg roter Fahrradtaschen. Der Zug hat leichte Verspätung, und ich mag ihn kaum herbeisehnen. Nur mühsam bin ich um halb fünf aus dem Bett gekommen, nur widerwillig wollte das Frühstück hinunter. Das mulmige Gefühl der letzten Vorbereitungstage hat seinen Höhepunkt erreicht. Fröstelnd verharre ich so minutenlang auf dem Bahnsteig, dann rollt der Zug ein.

Furchtlosigkeit ist Phantasielosigkeit – sage ich mir, raffe mich auf, bringe das Rad im Gepäckwagen unter und suche mir mit meinen vielen Taschen einen Platz im Zug. Das Abenteuer hat begonnen!

An der dänischen Grenze ereilt mich schon die erste Panne. Entgegen der Auskunft meines Heimatbahnhofes soll es in Dänemark nicht möglich sein, das Fahrrad persönlich im Gepäckwagen des Zuges mitzuführen. Es sei regulär als Reisegepäck aufzugeben – Ankunft: in zwei bis drei Tagen... Der Schock treibt mir die Schweißperlen auf die Stirn. Will ich noch an diesem Abend die Fähre nach Island erreichen, so gilt es zu handeln, zu überzeugen oder zu überreden. Muffelig gibt man mir auf deutscher Seite zu verstehen, daß mein Rad schon im nächsten Bahnhof in Dänemark »rausfliegen« werde. Am Grenzbahnhof nutze ich deshalb die wenigen Minuten Aufenthalt, um für das längst im Zug befindliche »Gepäck« eine Beförderungskarte zu erstehen.

Ich ahne zu diesem Zeitpunkt nicht, daß die Dänische Staatsbahn mir in den nächsten Stunden ein schönes Beispiel von unbürokratischer Hilfsbereitschaft geben wird. Nicht nur, daß im Verlauf meiner Weiterfahrt alle Zugschaffner ob meines offen im Gang stehenden Rades beide Augen zudrücken, mehr noch: es gelingt, meinen vor lauter Aufregung im Zug nach Frederikshavn liegengebliebenen Anorak binnen weniger Stunden wiederzuholen. Während ich unruhig weiterfahre, verläßt der Anorak den »Nordpfeil«, steigt um Richtung Herning, überholt mich auf diesem Umweg, um zwei Minuten vor mir in Herning einzutreffen. Und siehe da, beim kurzen Aufenthalt dort eilt er mir tatsächlich im Arm eines Bahners entgegen. Kann diese Reise hektischer beginnen und zugleich zuversichtlicher stimmen?

Thisted – Endstation. Ich hebe mein Rad erleichtert aus dem Waggon und bepacke es mit meinen 25 Kilo Gepäck. Mehrfach habe ich zu Hause sorgfältig gepackt, den Schwerpunkt möglichst tief gelegt, für die gleichmäßige Gewichtsverteilung gesorgt. An das Packen nur auf dem Hinterradgepäckträger ist bei dem Volumen und Gewicht meiner Ausrüstung nicht zu denken. Also, zwei Taschen an den Vorderradgepäckträger, die beiden Haupttaschen über das Hinterrad und die Fotoausrüstung und Wertsachen in die Lenkertasche, dann kann es losgehen.

Die erste Etappe zum 23 Kilometer entfernten Hafenstädtchen Hanstholm wird nicht schwer. Liebliches, hügeliges Land rollt unter mir hindurch und läßt mich erstmals nähere Bekanntschaft mit der 18-Gang-Schaltung machen.

Gerade zwei Tage vor meiner Abfahrt war das kraftstrotzende Mountainbike bei mir eingetroffen. Nie hätte ich mit meinem schmalbereiften Rennrad auf diese abenteuerliche Tour gehen können. Auch wäre ein solches hochwertiges Geländerad für mich nicht erschwinglich gewesen. Was also tun? Schnell hatte ich diverse Hersteller von Mountainbikes angeschrieben und sie um Unterstützung für meine Tour gebeten. Mit Erfolg! Ein deutscher Qualitätsrahmenbauer war sehr angetan von meiner Idee und stellte ein wunschgemäß ausgestattetes Rad mit Ersatzteilen zur Verfügung. Auf diese Weise sitze ich nun zum ersten Male auf diesem Mountainbike, das ich in den nächsten Wochen testen soll.

18 Gänge! Etwas übertrieben scheint mir diese üppige Ausstattung. Gerade drei oder vier Gänge habe ich bis Hanstholm betätigen müssen. Warum sollte ich in Island nicht auch mit einer ordentlichen 10-Gang-Schaltung auskommen? Ich habe keine Vorstellung, wie schnell ich meine Meinung ändern werde. Vorerst aber habe ich eine geruhsame Fahrt und nutze die verbliebene Zeit in Hanstholm für einen Blick von den hohen Dünen, ehe ich mich zum Einschiffen begebe.

Schlagartig wird mir klar, auf was ich mich eingelassen habe. Vor dem offenen Bauch der Islandfähre haben sich in geduldiger Reihe schwere Off-road-Jeeps, bullige Geländemotorräder und professionell ausgerüstete Expeditionsmobile aufgestellt. Hier und dort durchschimmerndes NATO-Oliv zeugt von der weniger eindrucksvollen Vergangenheit mancher Fahrzeuge. Sandbleche, Seilwinden, Kuhfänger (oder besser Schaffänger?) – keine Frage, auch ihr Ziel ist Island. Wie ein verirrter exotischer Vogel komme ich mir mit dem laubfroschgrünen Rad und seinen knallroten Taschen vor, als ich – die »boarding card« am Lenker – in den Rumpf des Schiffes rolle. Zwischen großen Holzkisten verzurre ich nach dem Vorbild der Motorradfahrer mein Rad an der Bordwand, und schon bald danach sticht die M/S »Norröna« in See.

DER SCHWIMMENDE ABENTEURER-TREFF

Da ich lediglich eine Deckspassage ohne Schlafplatz gebucht habe, suche ich mir für die erste Nacht einen Platz in der Cafeteria des Schiffes. Vom Schaukeln der Fähre rolle ich in der Nacht oft gegen Stuhl- oder Tischbeine. Dennoch bin ich fit, als mich das Geschirrklappern der ersten Gäste am nächsten Morgen weckt. Ein Tee – noch im Schlafsack sitzend – macht mich endgültig wach.

Nur mit Mühe kann ich die Deckstür gegen den strammen Wind öffnen. Eiskalt springt er mich an und zerrt an meinen langen Haaren. Rundum begrenzt nur der Horizont den Blick. Trotz des bedeckten Himmels begeistert mich das Spiel des morgendlichen Lichtes auf dem Wasser. Das Meer ist ruhig, von kleinen Schaumkronen durchbrochen. Mit leicht zitterndem Rumpf zieht die Fähre zielstrebig durch die lange Dünung. Am Magnetkompaß auf dem Peildeck liegen 320 an – Kurs Nordwest, genau da liegt Island...

Das Flugzeug raubt das Gefühl für Dimensionen. Der dreistündige »Sprung« nach Keflavik läßt keine Zeit zum Einstimmen – mit einem Schlag ist man da, steht sozusagen vor vollendeten Tatsachen. Mit dem Schiff ist es anders. Tagelang ist man unterwegs, Distanzen werden fühlbar, greifbar. Die oft rauhe Seereise macht deutlich, wie sehr Island eine abgeschiedene Insel im Nordatlantik ist. Es ist so, als würde das Gefühl langsam auf den Takt dieses wilden Eilands umgestellt.

Im Laufe des Tages rottet sich das bunte Abenteurervolk zusammen. Man verliert die Scheu, lernt sich kennen. Viele Deutsche, Engländer, Franzosen sind an Bord, auch Skandinavier. Verhalten oder auch mutig werden Pläne ausgetauscht, Karten entfaltet und Routen gezeigt – wie Feldherren zirkeln wir unsere touristische Invasion ab. Manches kühne

Shetland-Inseln

Vorhaben wartet auf seine baldige Durchführung. Auch »alte« Islandhasen, die gern eine haarsträubende Islandstory beisteuern, sind dabei. Schon jetzt ist sicher, daß ich manches Gesicht irgendwo in Island wiedersehen werde. Vielleicht kann auch ich dann mit kernigen Geschichten dienen.

Beim Kartenstudium spricht mich ein älterer Isländer an. Er lebt mit seiner deutschen Frau in Pinneberg und ist schon seit Ewigkeiten nicht mehr auf Island gewesen. Jetzt will er seinen Geburtsort Siglufjörður im Norden Islands besuchen. Gemeinsam suchen wir über die Karte gebeugt seine Route. Dabei unterhalten wir uns auch über mein Vorhaben. Er macht mir Mut für meine Tour.

Am frühen Abend erscheinen die Shetland-Inseln am Horizont. In geringer Entfernung passieren wir die schroffen, kargen Inseln an der südlichen Spitze. Noch eine Weile sieht man einige Fischerboote, dann sind wir wieder allein auf dem immer noch eher ruhigen Nordatlantik.

Ich ziehe um. Der Platz unter dem Cafeteriatisch hat mir nicht gefallen. Im Kinderspielraum am Ende der Cafeteria finde ich zwischen dicht an dicht liegenden Islandhungrigen einen Platz. Eingerahmt von einem französischen Pärchen und dänischen Motorradfahrern kann ich unmöglich zur Seite rollen. Als ich mein Ohr an den Boden drücke, überträgt sich das Zittern des Rumpfes auf mich. Von fern höre ich das tiefe Rumoren der Diesel, die das Schiff unermüdlich gen Färöer vorantreiben.

Vier Uhr morgens. Frierend stehe ich hoch oben auf dem Peildeck. Aus kleinen, verschlafenen Augen sehe ich am fernen Horizont die Färöer-Inseln liegen. Schon jetzt ist es taghell. Das Meer hat hier eine andere Färbung. Das klare, dunkelblaue Wasser erreicht Tiefen von 1000 Metern und mehr. Bis das Schiff um sechs Uhr in Tórshavn, der Hauptstadt der Färöer, festmacht, bleibt mir viel Zeit, unter strahlend blauem Himmel diese oft nebelverhangenen, sturmumtobten »Schafsinseln« näherkommen zu sehen. Jäh erheben sie sich aus dem Meer. Flaches Grün überzieht sie, während Bäume gänzlich fehlen. Das Licht der tiefstehenden Sonne gibt den Inseln einen rötlichen Schimmer. Aufregend sieht das aus!

STIPPVISITE AUF DEN »SCHAFSINSELN«

Kaum zu glauben: Ein LKW hat mich zwischen den Holzkisten an Bord eingekeilt. Erst nach ihm kann ich als letztes Gefährt die Fähre verlassen. Hier in Tórshavn haben alle Islandreisenden einen knapp dreitägigen Zwischenstopp einzulegen, ehe die »Norröna« sie mit Kurs Island wieder an Bord nimmt. Als auch ich endlich aus der Fähre rolle, wartet

Der Fjord von Saksun

Anton immer noch auf mich. Ich habe den wackeren Radler aus dem Allgäu im Zug nach Thisted getroffen. Er hat schon hier sein Ziel erreicht. Gemeinsam wollen wir in den nächsten drei Tagen erste Bekanntschaft mit diesem Archipel machen.

Auf dem nahen Campingplatz frühstücken wir gemeinsam vor unseren Zelten. Schon bald danach brechen wir auf, fast des gesamten Gepäcks entledigt. Schnell ist das Tagesziel klar: Saksun, eine wilde Fjordlandschaft im zerklüfteten Norden von Streymoy, der Hauptinsel der Färöer. Gut 50 Kilometer sind auf guten, asphaltierten Straßen zurückzulegen. Von Tórshavn ansteigend überqueren wir einige Gebirgsrücken mit gelegentlicher herrlicher Fjordeinsicht, um dann in rasanter Talfahrt wieder auf Meereshöhe zu gelangen.

Nirgends ist es auf den Färöern weit bis zum Meer. Kein Wunder also, daß wir – gerade in Hvalvik vom schmalen Sund in ein Seitental eingefahren – schon bald wieder die herrliche Meeresbucht von Saksun vor uns sehen. Von rechts zieht wie

17

ein weißes Band ein Bach den steilen Felshang hinunter. Die flott ziehenden Wolken werfen ihre tanzenden Schatten auf das leuchtende Grün der zarten Vegetation. Lediglich ein alter Bauernhof mit seiner Einrichtung aus dem Mittelalter und eine kleine Kirche sind ständige Betrachter dieses Bilderbuch-Panoramas.

Für die Rückfahrt haben wir uns eine andere Route ausgesucht. Auf einer Brücke überqueren wir den schmalen Sund zur großen Nachbarinsel Eysturoy. Mit Schweißperlen auf der Stirn kurbeln wir steil bergauf, um dann in einen schmalen Tunnel einzufahren. Wie alle Tunnel auf den Färöern ist auch dieser eine unbeleuchtete und unbelüftete Röhre. 2700 Meter trennen uns vom anderen Ende.

Da mein Rad lediglich eine trübe, batteriebetriebene Funzel als Vorderlicht, aber kein Rücklicht bieten kann, fahre ich voraus: Pechschwarze Nacht ist es vor meinen Augen, als ich aus der Helligkeit ins Dunkle komme. Zwei, drei Meter kann ich zunächst den Schein meines Lichtes verfolgen – gerade genug, um mich krampfhaft nach unten starrend an der weißen Randmarkierung zu orientieren.

Erst nach einiger Zeit gelingt es mir, ein wenig mehr Strecke zu überblicken. Bleibt nur zu hoffen, daß die Luftzirkulation uns vor einer Abgasvergiftung bewahrt. Zum Glück herrscht kaum Verkehr. Und dennoch blinzeln unsere gerade ans Dunkle gewöhnten Augen ab und zu schmerzend in die Scheinwerfer der wenigen Entgegenkommenden. Ich bin erleichtert, als wir endlich nach einer Ewigkeit den erlösenden Tunnelausgang erreicht haben.

Mit viel Glück erreichen wir gerade noch die letzte Abfahrt der kleinen Autofähre nach Tórshavn und sitzen schon eine Stunde später bei heißem Tee und dampfender Tütensuppe vor unseren Zelten.

Gäßchen im Zentrum von Tórshavn

Tags darauf trennen wir uns. Anton lockt das gute Wetter wieder in den Norden, wo er die Pedale mit dem Wanderschuh vertauschen und den einen oder anderen Gipfel nehmen will. Ich kann mich nicht so lange von Tórshavn entfernen und mache einen kleineren Abstecher in den Süden der Insel, wo in Kirkjubøur die verwitterten Mauern einer nie fertiggestellten mittelalterlichen Kathedrale stehen.

Wie der Zufall es will, treffe ich auch hier Anton. Er hat spontan umdisponiert, da er erst am Nachmittag eine Fährverbindung in den Norden bekommen kann. So können wir auf dem Rückweg gemeinsam den traumhaften Weitblick genießen. Mir wird in den folgenden Wochen oft jemand fehlen, der mit mir staunt und meine Erlebnisse teilt.

Heute, am letzten Tag in Tórshavn, ist Sightseeing angesagt. Die Stadt ist es wert mit ihren vielen Grassodendächern, alten Gäßchen und dem bunten Hafen, in dem betagte, in allen Rostfarben schillernde Trawler für den kommenden Einsatz überholt werden. Sehr gemütlich und überschaubar ist es in dieser kleinsten skandinavischen Hauptstadt, und doch bin ich am Nachmittag, früher als nötig, auf der »Norröna«. Ich kann es nun kaum noch erwarten, nach Island zu kommen.

Endlich das Kommando »Leinen los!« – die Fähre steuert durch einen schmalen Sund zwischen den Inseln geradewegs auf die offene See. Noch sehr lange verfolge ich die nach Norden hin besonders bizarren Färöer am Horizont, bis sie schließlich in Verlängerung des weißen Kielwassers hinter der Kimmung verschwunden sind. An Bord herrscht jetzt eine knisternde Spannung. Jeder dreht und wendet seinen Plan noch einmal im Kopf, denn morgen ist es soweit!

Fahrt durch den Sund

Abschied von den Färöern in der Kiellinie

ZÜNFTIGE BEGRÜSSUNG

Lang und tief hat sich der Seyðisfjörður, an dessen Ende jener kleine, gleichnamige Hafenort liegt, an dem diese Seereise enden wird, in die rötlichen Basalte Ostislands eingeschnitten.

Butterweich legt der Kapitän die »Norröna« an die Kaimauer. Ein letzter Blick bestätigt, daß die Taschen sicher am Rad hängen und nichts zurückgeblieben ist. Mit einem Schwung sitze ich im Sattel und rolle an Land. Ich kann mich an der endlosen Autoschlange vorbeimogeln und als einer der ersten durch den Zoll kommen. Auch in der Bank muß ich zum Geldwechseln noch nicht Schlange stehen. Schnell noch etwas Proviant besorgt, dann kann die erste Etappe steigen.

»Steigen« – ein treffender Ausdruck für diese Strecke. Von Meereshöhe geht es steil und in vielen Spitzkehren auf die fast 700 Meter hohe Fjarðarheiði. Bei bis zu 14% Steigung und schlechtester Piste mache ich mir trotz des kühlen Windes schnell Luft. Während ich mich mühsam in die Pedale stemme, rollt der gesamte Schiffsinhalt mit röhrendem Motor und singendem Getriebe an mir vorbei. Mancher mitleidige oder auch PS-selige Blick trifft mich aus den Fenstern. Doch schon als ich strahlend und mit nassem Hemd auf der Paßhöhe stehe, hat sich der Rummel längst verzogen. Wie fast immer auf dieser Reise stehe ich allein in der beeindruckenden Landschaft.

Radfahren in Island hat seine eigenen Gesetze. Das erfahre ich bei meiner ersten Abfahrt. Bis zum 10 Kilometer entfernten Egilsstaðir muß ich zwar kaum in die Pedale treten, dafür aber – mit festem Griff an den Bremshebeln und wachem Blick auf die Straße – höllisch aufpassen. Ich will das Rad laufen lassen und werde doch immer wieder zu blitzartigen Brems- und Ausweichmanövern gezwungen. Mal liegt ein wahrer Brocken auf der Straße, mal gähnt ein Schlagloch im Kinderbadewannenformat hinter einer Kurve.

Anders als beim Radeln in Holland, wo man der Straße nur gelegentlich einen Blick gönnt, bleibt in Island stets ein Auge auf die Piste gerichtet. Der Blick wandert so ständig hin und her zwischen Landschaft und den nächsten Metern Strecke.

Irgendwo rutscht dann unter den harten Schlägen der Piste mein einziger dicker Pullover unbemerkt vom Rad. Jedenfalls kann ich ihn nicht finden, als ich ihn zum Schutz gegen den auskühlenden Abfahrtwind überziehen will. So komme ich notgedrungen und – wie sich herausstellen wird – glücklicherweise zu einem handgestrickten »Isländer«.

In einem kleinen Genossenschaftsladen erstehe ich meinen Pullover. Auf einem Schildchen steht ein Name – vermutlich einer fleißigen Bäuerin, die ihn in Heimarbeit gezaubert hat. Die isländischen Schafe sind bei Wind und Wetter monatelang im Freien. Ihre langhaarige, stark fetthaltige Traumwolle macht mich fast so wetterfest wie sie.

Als ich in Egilsstaðir Richtung Nordland auf die Hringvegur, die isländische »Ringstraße« mit der Nummer 1, fahre, ist der Himmel schon fast wolkenlos. Die tiefstehende Sonne gibt allen Farben ringsum wieder diese ungewohnte Leuchtkraft des Nordens.

Auf einer schmalen Holzbrücke überquere ich später den kleinen Cañon der Jökulsá á Brú. Ihr Name und besonders ihr graues, vollkommen trübes Wasser entlarven sie als quicklebendigen Gletscherabfluß des Vatnajökull. Mit einem jähen Knick nach Westen folgt die Straße dem Flußlauf durch ein leicht ansteigendes, allmählich enger werdendes Tal. Ungezählte kleine Bäche und Rinnsale springen von den beiden Hängen zur Jökulsá hinab. Bei meinen kleinen Pausen würde ich ihr kristallklares Wasser gegen keine der Erfrischungen tauschen, die mir zu Hause sonst so lieb sind.

Ich schlage auch mein Zelt an diesem Abend an einem solchen Bach auf, genauer: auf einer kleinen Grasinsel, die ich leicht über das feste Kiesbett erreiche. Nach den 70 Kilometern meiner ersten Etappe liege ich zufrieden im trockenen

Namenloser Wasserfall im Jökuldalur

Die Ringstraße im Nordosten Islands

Gras und lasse mich von der Abendsonne wärmen. Von
»Eisland« keine Spur...

KAFFEEPAUSE VOM PISTEN-RODEO

Jeden Morgen das gleiche Spiel: ein Ohr aus dem Schlafsack,
lauschen, wenn kein Regen auf das Zeltdach trommelt, einen
ersten Blick wagen... Heute an meinem siebten Reisetag
zeigt mir die helle Zeltwand sofort, daß die Sonne scheint.

Flugs bin ich startklar und stehe auf der Piste, die so trocken
ist, daß jedes gelegentlich vorbeikommende Fahrzeug eine
lange Staubfahne hinter sich herzieht. In ausgefahrenen, steilen Kehren steigt der Weg plötzlich an und verläßt das liebli-
che Tal der Jökulsá. Ich komme in ein fast menschenleeres

Wüstenlandschaft in den Möðrudalsfjallgarðar

Ihre Majestät Herđubreiđ

Gebiet. Die Vegetation wird immer spärlicher, reißt auf und bildet bald nur noch kleine Inseln. Nach einem Bergrücken, dem ersten der unaussprechlichen Möđrudalsfjallgarđar, liegt vor mir eine riesige, trostlose Schuttwüste. Große Gebiete hier in Nordostisland sind beim Ausbruch der Askja 1875 durch gewaltige Ascheregen heimgesucht worden und total verwaist.

Die Königin der isländischen Berge: Herđubreiđ. Nachdem ich einen zweiten Paß erklommen habe, liegt dieser erhabene Tafelvulkan in greifbarer Nähe vor mir. Eine kleine Wolkenkappe krönt das Haupt »Ihrer Majestät«. Auch sonst bietet sich rundherum ein atemberaubendes Panorama mit älteren Vulkankegeln in endloser, wüstenhafter Szenerie.

Ich glaube, ich bin ein »Wüstenmensch«. So eigenartig das klingen mag, mich reizt diese Öde. Sie ist nicht freizügig in ihrer Farbgebung, geizt mit greller Pracht. Vielmehr lockt mich dieses begeisternde Farbenspiel im Detail, in den Nuan-

26

Dettifoss

cen; Grautöne, Brauntöne, von zartem Grün durchbrochen –
kein Farbfilm kann diesen Eindruck wiedergeben. Ich ver-
schlinge mit meinen Blicken diese Überdosis Landschaft.

Der Hof Möðrudalur liegt in bedrückender Einsamkeit in
dieser Hochebene. In jeder Richtung sind es über 70 Kilometer bis zum nächsten Genossenschaftsladen. Diese Abgelegen-
heit nutzend hat der Bauer das »Fjallakaffi« eingerichtet, in
dem auch ich eine kleine Pause einlege.

Direkt vor dem Eingang wechselt ein Busfahrer einen kaputten Reifen. Die Schulkinder, die er befördert, toben in
dieser willkommenen Pause herum, während er mit sicheren
Handgriffen und gleichgültiger Miene einen der ebenfalls total
heruntergefahrenen Ersatzreifen vom Dach holt und gegen
den kaputten auswechselt, als verrichte er eine kleine Alltäg-
lichkeit wie Scheibe putzen oder Öl nachfüllen.

»Hello, do you want a cup of coffee?« Zweihundert Meter
abseits der Straße steht ein isländisches Ehepaar bei seinem

27

Cañon der Jökulsá á Fjöllum

Auto und picknickt. Die beiden winken mich zu sich. Sofort bekomme ich einen heißen, starken Kaffee und einen Becher Joghurt in die Hand gedrückt. Sie kommen aus Reykjavik und sind wie ich auf Urlaubsreise. Sie wollen wissen, wie man auf die Idee kommt, mit dem Fahrrad durch ihr Land zu fahren. So unterhalten wir uns eine ganze Weile, bis ich mich angesichts der schnell heranziehenden, dunklen Wolken verabschiede.

Weit komme ich nicht mehr, da fallen schon die ersten Tropfen. Kaum bin ich in meiner Regenkluft, da legt es richtig los. Nach einer halben Stunde habe ich endlich kurz vor Grimsstaðir einen Fluß zum Zelten gefunden. Rasch baue ich auf und wärme mich in meinem Schlafsack, während der Regen auf das Zeltdach prasselt.

Wellblech, nichts als Wellblech! Anders kann man diese Piste wohl nicht bezeichnen. Widerspenstig schüttelt sich das Rad, daß mir nach einiger Zeit die Hände kribbeln und sich die Nackenmuskulatur verkrampft.

Vom Cañon der Jökulsá angeschnittener Vulkankegel

Die grandiosen Wassermassen des Dettifoss, vor dem ich wenig später ganz allein stehe, lassen mich meine verspannten Muskeln augenblicklich vergessen. Das wiederum trüb-graue Wasser der Jökulsá á Fjöllum fällt donnernd und mit unglaublicher Gewalt in einen langen Cañon. An seinen steilen Wänden hat der Strom die vielen Lagen von Lavagestein durchbrochen und bringt ein Mosaik regelmäßig geformter Basaltsäulen zum Vorschein.

Nach einem kurzen Spaziergang zum flußaufwärts gelegenen, ruhigeren Selfoss fahre ich noch ein wenig in nördlicher Richtung. Von einem hoch über dem Fluß liegenden Aussichtspunkt sehe ich den Hafragilsfoss, den Dritten im Bunde. An einem seitlichen Einschnitt des Cañon sickert aus den Gesteinsschichten tiefblaues, klares Wasser, das sich auf eigentümliche Weise mit dem Gletscherwasser vermischt. Meine Begeisterung läßt erst nach, als ich mich auf der gleichen Strecke zur Rückfahrt aufmache. Ziemlich erschöpft

von meinem Pisten-Rodeo geht dieser kalte, wolkenbedeckte
Tag zu Ende.

DER MÝVATN – GEOLOGISCHER
ANSCHAUUNGSUNTERRICHT

Schon von weitem kann ich die Námaskarð an den Dampffah-
nen erkennen. Eine mehrsprachige Hinweistafel – derlei findet man nicht gerade häufig in diesem Land – warnt vor den
vielfältigen Gefahren dieses Solfatarenfeldes.

Die Erdkruste schillert in allen nur denkbaren Rot- und
Brauntönen. Gelbe Schwefelkristalle blühen hier und dort,
und in zahlreichen Löchern kocht und blubbert grauer
Schlamm. Aus Erdspalten steigen mit Rauschen Dampfsäulen

hervor. Überall stinkt es atemberaubend, was mich nicht hindert, eine Stunde lang in diesem Gelände herumzulaufen.

Ich fühle mich versetzt in Zeiten der Erdentstehung. Irgendwie so muß es ausgesehen haben. Hoffentlich wird die Erde nicht irgendwann durch einen großen menschlichen Kurzschluß wieder so aussehen...

Das Mývatngebiet ist wie ein aufgeschlagenes Lehrbuch der Geologie. Wie Perlen auf einer Kette sind die Kuriositäten um den See aufgereiht.

An meinem ersten Abend in Reykjahlið am Mývatn sitze ich im kleinen Freibad des Ortes. Besonders begeistern mich die runden, heißen Pools, in denen man schwitzend im Kreise sitzt. Es ist Feierabendzeit, und unversehens füllen sich die Pools mit Isländern, die von der Arbeit kommen. Ich kann kein Wort von dem verstehen, was um mich herum geredet wird. Wahrscheinlich sind es die kleinen Neuigkeiten des Tages. Ohne viele Worte wechselt man laufend die Plätze, so daß auch ich in den Genuß der Massage durch die Heißwas-

Blick nach Norden auf die Grjótagjá

Dimmuborgir – »Dunkle Burgen«

serdüse komme. Sicher ersetzt das Schwimmbad den Leuten die fehlende Kneipe – eine schöne Angewohnheit. Ich vergesse dabei völlig die Zeit und steige schließlich mit schweren Gliedern in meine Klamotten.

Ohne Gepäck will ich einen ganzen Tag lang das Mývatngebiet erkunden. Gleich in Reykjahlið treffe ich in Lavaspalten auf Jungen, die unter mir in dem Wasser einer warmen Quelle toben.

In der Grjótagjá, einer in der typischen Nord-Süd-Richtung verlaufenden Spalte, gibt es ebenfalls eine Art Höhle mit heißer Quelle. Seit einem Erdbeben hat das glasklare Wasser leider eine Temperatur von über 60°C. An ein Bad ist wohl nicht zu denken.

Am Ostufer des »Mückensees« beherrscht das Hverfjall den Blick. Vom hohen Rand des mehr als einen Kilometer weiten Explosionskraters genieße ich die Sicht. Der Kraterrand lädt zu einem Panorama-Rundgang ein. Von hier oben erscheint

32

Pseudokrater von Skútusstaðir

mir alles viel plastischer, auch kann ich die Spalten jetzt genau
verfolgen. Die bizarren Dimmuborgir, hochaufgetürmte La-
vagebilde, sehen recht überschaubar aus. Als ich wenig später
in ihnen herumlaufe, habe ich Mühe, den Ausgang aus diesem
Labyrinth zu finden.

Ich erkenne ihn schon von weitem, den netten, blonden
Dänen. Mit seiner isländischen Bekannten steht er an der
Straße. Wir haben uns auf dem Schiff kennengelernt. Die
Cafeteria an Bord wirkte bisweilen wie eine Island-Reisebörse
– jeder warf sein Wissen und sein Vorhaben »auf den Markt«.
Irgendwie trifft man sich in Island dann immer wieder.

Der Däne hat Neuigkeiten. Er hat erfahren, daß die Hochlandroute über die Sprengisandur, die schon fast legendäre
F 28, in diesen Tagen erst wieder für den Verkehr geöffnet
wurde. Ich ahne, daß das Hochland es mir nicht leicht machen
wird. Gedankenversunken schweift mein Blick über die kleinen Pseudokrater von Skútusstaðir. Ob ich es wagen soll?

WÜSTE ODER NICHT –
DAS IST HIER DIE FRAGE

Am Goðafoss ist es dann soweit – ich muß mich entscheiden. Geradeaus würde mich die Ringstraße nach Akureyri führen, links zweigt die Spur zur Hochlandroute ab.

An der kleinen Tankstelle fährt ein junger Isländer vor. Er sieht so aus, als wohne er hier »um die Ecke«. Er sollte sich also auskennen. Ich spreche ihn an, frage ihn, ob er mir den Hochlandtrip mit dem Rad zutraut. Entgeistert schaut er mich an, als hätte ich ihn etwas vollkommen banales gefragt. Sicher sei das möglich, ich würde es schon schaffen. Sagt's, springt in seinen schweren amerikanischen Geländewagen und braust davon, daß der Kies hinter dem Wagen hervorschießt.

Schon auf der Fähre waren mir Isländer durch ihre Sorglosigkeit aufgefallen, wenn es um die Befahrbarkeit von schwierigen Strecken ging. Sie kennen ihr Land so viel besser und behandeln ihre Wagen nicht eben wie rohe Eier – so mancher zerbeulte Kotflügel oder abgefahrene Auspuff spricht Bände. Kein Wunder also, wenn sie in anderen Kategorien denken.

Die eilfertige Antwort des Isländers verfehlt ihre Wirkung nicht. Am klaren Wasser des harmonischen Goðafoss stehend entschließe ich mich sofort. Es gilt, keine Zeit mehr zu verlieren, das Hochland wartet. Bis zum Hof Mýri, dem letzten vor der Einöde, will ich heute noch kommen. Wenn das Wetter morgen nicht mitspielt, kann ich dann immer noch wieder umkehren.

Wohl zum hundertsten Male hocke ich an diesem Abend über den Karten, versuche mir die Strecke einzuprägen, Etappen abzuschätzen und mögliche »trouble spots« zu finden. Um ganz sicher zu gehen, justiere ich die Schaltung nach und nähe an den Packtaschen ein paar angerissene Nähte. Alles hat sich schon jetzt mit einer gelbbraunen Patina aus Staub überzogen. Ich bin gut vorbereitet – es muß zu schaffen sein.

34

An die fast taghellen Nächte habe ich mich schnell gewöhnt, und doch schlafe ich in dieser Nacht so unruhig wie zu Kinderzeiten vor Weihnachten. Ich bin bereits wach, als mein kleiner Wecker zu unmöglicher Zeit sein elektronisches Piepen ertönen läßt. Eilig knabbere ich an meinem Knäckebrot, ebenso schnell verschwindet auch der Tee. Zeltabbau und Packen, diese allmorgendlichen Handgriffe, geschehen mit zunehmender Routine, so daß ich um 8 Uhr schon startklar bin.

Was mich erwartet, ist ein ständiges Auf und Ab, ein permanenter Wechsel zwischen Steigung und Gefälle. Mehrere hundert Schaltvorgänge bedeutet das für eine solche Tagesetappe. Die Piste ist übel – mal grobes Geröll, mal feiner, scharfkantiger Kies oder gar Mullsand. Immer wieder sind tiefe Rinnen ausgewaschen, haben Regengüsse ganze Arbeit geleistet.

So jongliere ich mit dem Rad förmlich auf der Straße, vermeide dicke Steine und tiefe Schlaglöcher, versuche sandige Passagen zu umgehen, in denen ich mich im ersten Gang mehr einwühle als fortbewege.

Schneefelder sind zu meinem Glück schon recht rar. Die in der Karte verzeichneten Flüsse sind daher zu kleinen Bächen geschrumpft. Abseits der von Geländewagen ausgefahrenen Furten finde ich meist eine breite, flache Stelle, an der ich in den unteren Gängen ans andere Ufer fahren kann.

Bei einer Furt ist das Kiesbett des Flusses von Treibsandstellen durchsetzt. Sofort bleibe ich stecken, muß abspringen und stehe mit beiden Stiefeln im flachen Wasser. Energisch ziehe ich das Rad hoch und zerre es ans Ufer, da ich hier nicht stehenbleiben kann. Nur mühsam lassen sich meine Schuhe mit gurgelndem Geräusch aus dem Matsch lösen. Mein Ehrgeiz, nach dem Vorbild der Allradmobile kraftvoll durch das Wasser zu fahren, beschert mir auf diese Weise mehrfach nasse Füße.

Nasse Füße – und nicht nur die – bekomme ich auch bei

einem kurzen Regenschauer. Verwunderlich, daß trotz üppiger Jahresniederschläge ein derart wüstenhaftes Landschaftsbild entsteht.

Als ich – nachdem ich bei jeder Furt einen erfrischenden Schluck Wasser genommen habe – meine Blase leere, sehe ich mit eigenen Augen den Grund für diese Vegetationsarmut. Der Boden hält überhaupt kein Wasser, es versickert vor meinen Augen. Jede Pflanze ist gezwungen, ihren eigenen Wasservorrat anzulegen. Obwohl ich im Gegensatz zu ihnen nicht an einen Standort gebunden bin, folge ich ihrem Vorbild und fülle meine Flaschen.

Kleines Wüstenintermezzo: Schon lange sehe ich die Staubfahne, die ein entgegenkommender Allradbus hinter sich herzieht. Als ich ihn erreicht habe, wird gerade eine Fotopause gemacht. Sofort hält mich die deutsche Reisegruppe an, umringt mich – Fotoapparate klicken, eine Filmkamera surrt, Fragen wie auf einer Pressekonferenz. Geduldig beantworte ich sie, zeige mein Rad, auf der Karte meinen Weg. Noch ein

Endloses Grau in der Sprengisandur

paar aufmunternde Glückwünsche, ein kumpelhafter Klaps auf die Schulter – dann bin ich wieder allein. Das Ganze wirkt wie ein Traum, wenn nicht hinter meinem Rücken eine frische Staubfahne das Gegenteil beweisen würde.

Vergnügt lutsche ich meine Bonbons. Gerade ist ein Geländewagen, einer der wenigen an diesem Tag, an mir vorbeigekommen. Er hielt an und die Hecktür öffnete sich. Eine Hand kam durch das Gewusel von Köpfen, Rucksäcken und Konservendosen und reichte mir Bonbons – »Vitamine fürs gute Gelingen!« hörte ich, dann brauste der Wagen davon.

Ein Fahrradfahrer im isländischen Hochland ist eben doch ein Kuriosum. So selten, wie ich jemanden treffe, so oft sehe ich interessierte Gesichter und finde schnell Kontakt.

AKTION »KALTE FÜSSE«

Am Tungnafellsjökull kommt es dann faustdick. Ein wilder Gletscherfluß versperrt mir den Weg. Das reißende, gelblichtrübe Wasser gestattet mir keine Einschätzung seiner Tiefe. Ich suche mir eine Stelle, die mir flacher erscheint und mache mich bereit.

Schon nach den ersten Schritten mit meinem schweren, vollgepackten Rad kann ich mich kaum noch halten, der Wasserdruck reißt am Rad, zieht es mit Gewalt von mir fort. Ich stemme mich dagegen, gehe Schritt für Schritt zurück, bis ich das Ufer erreiche. So habe ich keine Chance, über den Fluß zu kommen. Das Bett besteht aus scharfkantigem, grobem Geröll. Das 4 °C kalte Wasser reicht mir bis über das Knie. Ich entschließe mich, es nur mit den beiden Hinterradtaschen zu versuchen.

Wenige Meter weiter flußaufwärts wage ich einen zweiten

Anlauf. Meine Füße muß ich mit aller Kraft voransetzen, muß sichere Tritte suchen, mich fest in sie stemmen. Es klappt, ich kann das Gleichgewicht halten, während mir die starke Strömung das Wasser am Bein hochtreibt. Zehn, vielleicht zwölf Meter Breite – ich habe es geschafft. Meine zwei Taschen zurücklassend trete ich den Rückweg an. Mit den freien Armen kann ich besser pendeln und die Balance halten.

Für die dritte Tour steigere ich mein Pensum: in jeder Hand eine Vorderradtasche, um den Hals die Fototasche. Ich merke, wie meine Füße bei der Durchquerung immer steifer und verkrampfter werden. Jeder Tritt schmerzt mehr. Als ich zum vierten Male wie in Zeitlupe durch den Fluß bin, habe ich kaum noch Kraft.

Nach einer kleinen Erholungspause, in der ich meine mittlerweile fast gefühllosen Füße massiere, schultere ich das »nackte« Mountainbike. Dumpf rutschen meine Füße zwischen das Geröll und finden Halt. Als ich endlich hindurch bin, spüre ich die Erschöpfung.

Während des Zeltaufbaus in Ufernähe kommt das Gefühl und damit auch der Schmerz in meine Beine zurück. Unterhalb der Knie sind sie hart und steif, ich spüre einen Wadenkrampf heraufziehen. Da gibt es nur einen Gedanken – hinein in die Daunen und Teewasser auf den Kocher.

Nach der dritten Tasse geht es wieder bergauf. Meine Füße kribbeln und nehmen langsam eine gesunde Hautfarbe an. Nach einem kurzen Blick auf den Tungnafellsjökull ist für heute meine Zeit abgelaufen – ich kuschele mich in die Federn und bin sofort eingeschlafen.

»DIE WÜSTE LEBT«

Am nächsten Morgen habe ich keine übertriebene Eile. Ich bin nach der gestrigen 90-Kilometer-Etappe bereits mitten in der Sprengisandur. Das Wetter sieht immerhin nicht schlecht aus, und ich will es nach dem harten Vortag etwas langsamer angehen lassen.

Die Landschaft ist jetzt flacher, die Strecke ohne größere Steigungen. Dafür nehmen die weichen, sandigen Passagen und die Wasserläufe zu. Vier zwar vergleichsweise leichte, aber dennoch mit dem Umstand des Entkleidens verbundene Furten bringe ich hinter mich. Darüber hinaus fahre ich durch viele kleine Bäche und Rinnsale, die nicht tiefer als etwa 25 Zentimeter sind. Der häufige Kontakt mit Wasser, Staub und Sand haben meine Kette zu einem quietschenden, trockenen Etwas werden lassen. Meine Ölvorräte sind diesem Verbrauch nicht angemessen und gehen dem Ende entgegen.

Bei der Schutzhütte am Tungnafellsjökull lichtet mich eine hier ihren Dienst verrichtende süße Isländerin (seufz!) sofort fürs »Dokumentarische« ab. Außer gelegentlichen Autos, Motorrädern oder gar Wanderern erinnern mich nur noch ab und zu abgerissene Auspuffrohre oder Schmutzfänger an die zivilisierte Welt. Wie außerhalb der Zeit fahre ich durch diese immergraue Einöde, in der das Grau des Himmels dem der Wüste in nichts nachsteht.

Geradezu phantastisch mutet es an, wenn in dieser Wüstenei kleine rosafarbene Blumen dichtgedrängt in Bulken den Kampf um Wasser und gegen die grimmige Winterkälte aufnehmen. Zauberhaft sind sie wirklich, die kleinen Farbtupfer im grauen Nichts.

Vollends begeistert bin ich, als sich schließlich abends auf einem kleinen See neben meinem Lagerplatz nahe der Kaldakvisl-Brücke ein Paar weißer Singschwäne einfindet.

Es ist einfach erstaunlich, mit welcher Genialität und wel-

Aschelandschaft vor Landmannalaugar

chen Variationsmöglichkeiten die Natur auch diese scheinbar
lebensfeindlichen Gebiete erobert. Selbst in den brühend
heißen Quellen haben Wissenschaftler Bakterien gefunden,
die ihren Stoffwechsel komplett auf diese extremen Bedingungen eingestellt haben.

Meine schweren Beine haben echte Schwierigkeiten, beim
morgendlichen Start das Rad in Fahrt zu bringen. Wie Blei
liegen die beiden harten Hochlandtage in den Muskeln. Zum
Glück habe ich meine heutige Etappe relativ kurz bemessen
und die Strecke stellt sich als besser befahrbar heraus.

Bald ist das Kraftwerk Sigalda erreicht, das ich in unmittelbarer Nähe passiere. Hier hält man die Anfahrwege für
Mensch und Material gut in Schuß. Ich aber kann diesen
Luxus nicht lange genießen, da ich nach Landmannalaugar
will.

Der schmale Cañon des Kaldakvisl

Die graue Schuttwüste geht langsam in fast schwarze Asche über, nur unterbrochen von einem Blocklavastrom. Immer tiefer sind die Autospuren, immer tiefer sinke auch ich ein, bis ich schließlich selbst im ersten Gang nicht mehr weiterkomme. Hier muß ich die einzigen Meter meiner gesamten Tour schieben, ein ebenso kraftraubendes wie mühsames Geschäft.

HEISSE QUELLEN
UND WEIHNACHTSGEFÜHLE

Der Frostastaðavatn signalisiert mir, daß Landmannalaugar nicht mehr weit ist. Wie eine dicke, rauhe Zunge, die aus einem Wassernapf leckt, kommt ein zerklüfteter, schwarzer Lavastrom von einer Anhöhe zum See herunter. Ich muß noch über einen kleinen Bergrücken, dann vorbei an dem wohlgeformten Kraterkegel Stútur, und schon sehe ich den Jökulgilskvisl in seinem steinigen Bett.

Ein wenig flußaufwärts liegt Landmannalaugar. Ich aber bleibe schon hier auf einem winzigen Zeltplatz, da es auf dem großen Platz oft voll wird, wenn sich abends gleich mehrere Islandsafaris mit Geländebussen einfinden. Hier im Nationalpark Landmannalaugar darf man wie in allen anderen nicht wild zelten, sondern nur auf ausgewiesenen Plätzen.

Ich habe einen Bärenhunger. Es wird Zeit, daß ich mal wieder etwas ordentliches bekomme. Vorerst aber halte ich mich notgedrungen an mein Trockenfutter. Gleich anschließend zieht es mich in die berühmten heißen Quellen. Schnell bin ich ausgezogen und gehe durch das lauwarme, glasklare Wasser eines kleinen Baches zu dem ersten heißen »Pool«. Bis zum Hals im heißen Wasser sitze ich auf dem morastigen Grund und genieße das herrliche Gefühl. Schon nach wenigen

Lavazunge am Frostastaðavatn

Heiße Quellen von Landmannalaugar

Minuten perlt mir der Schweiß von der Stirn. Von einer Seite fließt ständig heißes Wasser nach, so daß ich mir verschieden temperierte Stellen aussuchen kann.

Als ich mich wieder einmal nach einer ganzen Weile mit schweren Gliedern aus dem dampfenden »Pool« erhebe, bin ich am ganzen Körper krebsrot. Der lauwarme Flußarm kommt zum Abkühlen und Ausschwimmen wie gerufen. Langsam schwimme ich auf dem Rücken ein paar Mal auf und ab und genieße das erfrischende Gefühl. Dieses Bad vor der grandiosen Kulisse aus Rhyolithbergen und Obsidianlava gehört zu den einmaligen Erlebnissen hier in Island.

An diesem Abend wartet auf mich ein weiterer Hochgenuß. Ich komme nämlich mit einem Deutschen, der an einer soeben eingetroffenen Safari teilnimmt, ins Gespräch. Es stellt sich heraus, daß er in einem kleinen Ort in Norddeutschland wohnt, nur wenige Kilometer von meiner Heimatstadt entfernt. Wie klein die Welt doch immer wieder ist... Er läßt es sich nicht nehmen, mit seinem Reiseleiter zu sprechen, um mich zum Abendessen einladen zu können. Heute ist der letzte Tag der Safari. Die meisten werden schon morgen wieder zu Hause sein und müssen dann nicht mehr auf ein »richtiges deutsches Bier« verzichten.

An diesem Abend zaubern die Frauen im gut ausgestatteten Küchenbus noch einmal ein tolles Essen. Eine isländische Weihnachtsspezialität soll es sein. Vorspeise, Gemüse und Kartoffeln satt, dazu salziges, rosiges Fleisch, Nachtisch und Kaffee – mir ist, als wäre es wirklich Weihnachten. So findet dieser aufregende Tag einen »runden« Abschluß, und das auch beim Kilometerstand: 800,0 Kilometer.

Die Busfahrer Islands sind die Taxifahrer Londons. Egal, ob man sie nach der nächsten Unterkunft, einem heißen Bad, dem Weg oder nur nach dem Wetter fragt – sie wissen es meist.

Dieser Eindruck hat sich heute morgen wieder einmal bestätigt. Als ich nämlich gegen acht Uhr aufstehe, gesellt sich während meines gemütlichen Frühstücks ein Busfahrer zu mir. Er ist schon lange wach, hat seinen Bus bereits picobello in Schuß gebracht und langweilt sich nun. Er fährt, wie er sagt, eine Gruppe von Franzosen, und von denen werde keiner vor zehn Uhr wach. Er rollt mit den Augen. Dann fragt er mich nach meiner Route. Mein grünes Rad sei ihm vor zwei Tagen abends neben meinem Zelt mitten im Hochland aufgefallen.

Er hat viele Tips auf Lager. Aus all dem, was er sagt, spricht eine tiefe Liebe zu seinem Land und breites Wissen über dessen Besonderheiten. Und wie immer in Island werde ich auch ihn wiedertreffen: im strömenden Regen am Gullfoss, den er mit einer anderen Gruppe besucht.

Alle Räder stehen still, wenn mein schwaches Bein es will – unter dieser Version der wohlbekannten Parole steht der heutige Tag. Ich wasche ein paar Klamotten, dann breche ich zu einer Wanderung auf, bei der selbst mein treuer Technobull nicht weiterhelfen kann.

Gleich hinter den heißen Quellen beginnt ein Weg, der durch das mächtige Lavafeld führt. Ich mache einen kleinen Abstecher in diese zerklüftete Fläche. Das Gestein ist schwarzgrau, die Bruchstellen glänzen wie schwarzes Glas. Es ist Obsidian oder »Rabenstein«, wie ihn die Isländer wegen seines Aussehens nennen.

Der Weg bringt mich auch zu einem kleinen Solfatarenfeld, nicht so eindrucksvoll wie in der Námaskarđ, aber dennoch sehr geruchsintensiv. Gleich dahinter finde ich in einer Auswaschungsstelle ein paar sehr schöne Obsidianstücke mit typisch muscheligem Bruch.

Auf dem knapp 1000 Meter hohen Bláhnúkur, den man in einer Stunde erreicht, wird man sich bei guter Sicht kaum entscheiden können, welche Richtung den schönsten Ausblick bietet. Das Rundum-Panorama mit den Rhyolithbergen in den eigenartigen Gelb-, Rot- und Brauntönen und bisweilen sogar grünen Partien ist unvergeßlich.

Rhyolithberge bei Landmannalaugar

Nachmittags darf das heiße Bad natürlich nicht fehlen. Zu meinem Amüsement fällt der fast tägliche Regenschauer in meine Badezeit. Er kühlt mir beim Schwitzen den heißen Kopf.

Allein zu reisen hat auch seine Vorteile. Ich bin viel kontaktfreudiger und treffe laufend andere Reisende, mit denen mich die Faszination dieser Landschaft verbindet. So auch an diesem Nachmittag. Eine junge Norwegerin ist mit ein paar Freunden unterwegs. Sie fahren mit Linienbussen und per Autostopp und gehen zwischendurch auf ausgiebige Wandertouren. Gemeinsam schwärmen wir von diesem Land.

Es tut gut, ein wenig von seiner Begeisterung mitteilen zu können. Manchmal bin ich randvoll von Eindrücken und brauche eine solche Unterhaltung.

VON FEUERSPALTEN UND
»WASSERSTRASSEN«

Nach meiner zweiten Nacht in Landmannalaugar lasse ich fast das gesamte Gepäck im Zelt und breche nur mit dem Notwendigsten zur Eldgjá auf. Diese Strecke ist meist bis weit in den Juli hinein wegen Schnee gesperrt. Ich habe Glück, daß sie jetzt – Mitte Juli – schon offen ist.

Schon nach kurzer Zeit steht am Straßenrand der liegengebliebene Landrover eines französischen Pärchens, das ich – wen wundert's – noch von der Fähre in Erinnerung habe. Ich kann leider nicht helfen, aber es kümmern sich auch schon andere Geländewagenfahrer um das Auto. Es muß abgeschleppt werden, wie ich später erfahre. Ich kann von Glück sagen, daß ich bisher keinen größeren »trouble« hatte. Aber, denke ich mir, abwarten, kommt alles noch. Ich werde zu meinem Pech recht behalten.

Die Straßen Islands werden nicht unter Mißachtung des natürlichen Reliefs brutal durch breite Trassen geführt, sondern passen sich zumeist harmonisch der Landschaft an. Straßenbauingenieure haben schon immer Flußtäler zu nutzen gewußt. Hier auf dem Fjallabaksleið Eystri ist das sehr direkt geschehen: Man hat die Straße kurzerhand im Jökuldalur mitten ins Flußbett gelegt.

Ich kann das Tal weit überblicken und sehe die Piste gelegentlich zwischen den vielen Flußarmen auftauchen, die immer wieder im Wasser verschwindet. Das gesamte Tal ist für mich eine einzige Furt. Zwar führt der Fluß nicht besonders viel Wasser, aber dennoch kann ich nicht einfach durch die zahllosen Verzweigungen fahren, sondern muß absteigen, mich ausziehen und schieben. Ein paar Dutzend Meter Wasser, dann wieder etwas Kies und Schotter, gleich darauf die nächste Furt. Wären da nicht die eisigen Füße, es wäre für mich ein noch eindrucksvolleres Erlebnis.

In der Eldgjá

Die Eldgjá, die »Feuerspalte«, ist das Zeugnis eines gigantischen Spaltenausbruches, der die Erdkruste auf 40 Kilometern Länge spaltete, und hat auf der Welt nicht ihresgleichen. Doch bevor ich ganz in den nördlichen Teil der Eldgjá gelange, muß ich durch die Ófæra. Sie fließt zwar nicht besonders schnell, ist dafür aber immerhin oberschenkeltief.

Ein schwerer Jeep macht es mir vor. Er rollt ins Wasser, stockt, driftet ab, faßt dann doch wieder und hat es geschafft. Ich muß also aufpassen. Alles geht auch gut, bis mir plötzlich ein Stiefel vom Rad fällt. Mit einem blitzschnellen Reflex greife ich danach und bin selbst überrascht, daß ich ihn tatsächlich noch erwische. Danach muß ich erst ein Stück gehen, um meine Füße wieder auf Temperatur zu bringen.

Von Nordwesten fällt die Ófæra in die Spalte. Sie wurde einst durch diese Eruption in ein neues Bett gezwungen. In

Ófærufoss mit Steinbrücke

48

einem phantastischen Wasserfall stürzt sie in die Eldgjá und hat bei der Erosion des Felsens eine natürliche Steinbrücke modelliert. Ich frage mich, wie oft der Ófærufoss wohl schon fotografiert wurde: Nun ist es – klick – ein Mal mehr.

Vor dieser Kulisse habe ich die Ruhe, eine angerissene Schlaufe meiner Lenkertasche nachzunähen. Von der porösen, mürben Lavaschlacke, die dieser Ausbruch einst gefördert hat, nehme ich ein paar besonders schöne Stücke mit. Man kann an ihnen genau erkennen, daß die flüssige Lava schon im Flug erstarrte.

Zwar kommt auf dem Rückweg reichlich Wasser von oben, dafür bleibt es mir aber an den Füßen erspart. Nach der zweiten oder dritten Furt nämlich hält ein Allradauto neben mir. Es ist eine junge isländische Familie, die auch zum ersten Mal diese Gegend erkundet. Sie wollen mir den üblen Weg nach Landmannalaugar nicht zumuten. Daher verzurren wir mein Rad samt Gepäck am Ersatzreifen auf der Heckklappe. Sie haben keine Sorgen um ihren Lack – in Island sind Autos eben zum Benutzen da. Ich darf mich auf den Beifahrersitz setzen. Die beiden kleinen Mädchen können sich wegen meiner langen Haare das Kichern nicht verkneifen.

Dann bekomme ich eine Vorführung, wie Isländer mit ihren Autos umgehen können. Bei einer Furt – ich merke jetzt erst, wie viele es waren – schlägt die Bugwelle über die Motorhaube und an die Windschutzscheibe. Für Sekunden sehen wir nichts. Kaum ist der Blick wieder frei, da haben wir schon das andere Ufer erreicht.

Die sympathischen Vier treffe ich natürlich wieder, als sie gerade einen liegengebliebenen Wagen abschleppen. Solche Hilfsbereitschaft beeindruckt.

Auf dem Landmannaleið, dem vorerst letzten Jeeptrack, verlasse ich die heißen Quellen am nächsten Morgen. Ich passiere die berüchtigte Hekla. Ihr letzter großer Ausbruch war im Jahre 1947. Sogar in Finnland ging die Asche von dieser

Rekonstruiertes Grassodenhaus im Thjórsárdalur

Eruption nieder. Die ganze Gegend ist hier mit der körnigen, schwarzen Asche bedeckt. Ich komme mir vor wie auf einer riesigen Kohlehalde.

An der breiten Thjórsá muß ich einen Umweg nach Norden machen, um zu einer Brücke zu kommen. Hier ist die Piste sehr trocken, und der frische Wind treibt mir immer wieder Staubwolken ins Gesicht, daß mir noch am Abend Sand aus den Haaren rieselt. Ich setze die Gletscherbrille auf, um meine Augen zu schützen. Für einen richtigen Sandsturm, wie er im Hochland gelegentlich vorkommt und dort eine echte Gefahr darstellt, habe ich einen Mundschutz aus dem Krankenhaus eingepackt. Man weiß ja nie...

Die historische Bauweise der Isländer ist der Grund, weshalb heute so wenige sehr alte Häuser erhalten sind. Über einem Steinfundament und einem Holzgerüst baute man Wände und Dächer aus Grassoden. Diese dicken Wände und das »lebende« Dach, das regelmäßig gemäht wurde, sorgten für ein gutes Wohnklima in den Räumen. Von innen verkleidete man die Räume teilweise mit Holz. Nur wenige typische Beispiele sind erhalten. Einige davon wurden von Vulkanasche begraben und so jahrhundertelang konserviert.

Im Thjórsárdalur, das ich am Nachmittag durchfahre, hat man eine exakte Rekonstruktion eines solchen Fundes in Stöng aufgebaut und liebevoll eingerichtet. Besser können sich Werke des Menschen kaum in die Natur einfügen. Es ist, als hätten sich die Häuser wie Maulwürfe unter die Pflanzendecke gewühlt.

DIE PANNE

Natürlich hat mich der obligatorische Regen gestern noch beim Zeltaufbau erwischt. Unschön finde ich auch, daß er mich morgens beim Zeltabbau wieder begrüßt. Nach einiger Zeit läßt der Regen zwar nach, hört sogar kurz auf, aber die grauen, tiefhängenden Wolken machen klar, wie kurz diese Pause sein wird.

All das ist mir aber mit einem Schlag vollkommen egal. Ich höre plötzlich ein eigenartiges Geräusch am Hinterrad. Mein Blick fällt sofort auf eine häßliche schwarze Gummiblase, die aus meinem Reifen quillt. Bei näherer Betrachtung stellt sich heraus, daß die Flanken des Hinterreifens beidseitig durch die Felgenränder aufgerieben worden sind. Auf einigen Zentimetern Länge klafft ein Schlitz in der Reifendecke und droht weiter einzureißen.

Im Mullsand vor Landmannalaugar war ich mit wenig Druck in den Reifen besser vorangekommen – ganz nach dem Vorbild der Saharafahrer. Doch diese scheinen andere Reifen zu benutzen, denn meine haben auf der Felge gewalkt und sind dabei übel zugerichtet worden. Mit Unmengen von großen Gummiflicken stärke ich den Reifen von außen und innen. Mit starkem Gewebeband – meinem Fahrradallheilmittel – bandagiere ich zusätzlich die besonders betroffene Partie. Derweil kommt ein englisches Motorradpärchen vorbei und fragt, ob ich Hilfe benötige. Als ich ihnen den Reifen zeige, haben sie nur ein mitleidiges Kopfschütteln.

So hält der Reifen bis zu dem winzigen Ort Árnes, keine 10 Kilometer weiter. Dort finde ich eine Autowerkstatt, bei der ich vorfahre. Die Mechaniker arbeiten an Geländemotorrädern und Autos. Als ich hereinkomme, ihnen den Reifen zeige und sie um Rat bitte, kommen sie alle zusammen. Ich kann natürlich nicht verstehen, was sie besprechen, aber es scheint keine Lösung zu geben. Immerhin bieten sie mir an, in etwa einer Stunde mit einem Lastwagen nach Selfoss zu fahren, wo es eine Fahrradwerkstatt geben soll.

Bis dahin wechsle ich die Reifen, damit der kaputte auf dem Vorderrad etwas entlastet wird. An alles habe ich gedacht, aber mit dem Verlust eines dieser dicken, vertrauenerweckenden Grobstollenreifen habe ich nicht gerechnet. Mit dem Lkw komme ich flott nach Selfoss. Dem Fahrer behagt es ganz offensichtlich nicht, daß ich mit meiner schmuddeligen Kleidung die Sitze seines nagelneuen Wagens entweihe. In Selfoss ist er dann aber gerne bereit, mich beim einzigen Radhändler der Stadt abzusetzen.

Der alte Händler staunt ausgiebig über mein Rad. Es gefällt ihm außerordentlich gut, aber passende Reifen kann er nicht auftreiben. Er rät mir, mit dem Bus nach Reykjavik zu fahren, um dort mein Glück zu versuchen. Ich frage nach dem nächsten Bus und gehe zwischendurch einen Kaffee trinken. Als es soweit ist, nimmt der Busfahrer mein Rad gerne kostenlos mit.

Am zentralen Busbahnhof in Reykjavik lasse ich mir auf einem Stadtplan die beiden größten Fahrradgeschäfte zeigen. Noch vor Ladenschluß gelingt es mir, dorthin zu kommen und meine Frage zu stellen. Doch wie ich erwartet habe: überall echtes Bemühen, mir zu helfen, und spontanes Mitgefühl mit meiner Situation, aber keine Reifen. Ich steuere müde den Zeltplatz in der Stadt an.

Irgendwo in meinem Brustbeutel schlummert für den Fall der Fälle seit Beginn der Reise die Adresse der Deutschen Botschaft in Reykjavik. Jetzt krame ich sie hervor, um von der Botschaft eine Anschrift zu bekommen, an die von daheim die Ersatzreifen geschickt werden können. Dort liegen nämlich zwei Reifen sozusagen in den Startlöchern.

In der vornehmen Villa der deutschen Botschaft werde ich freundlich empfangen. Nach einem kurzen Telefonat nennt mir der Botschafter persönlich eine Adresse beim Zollpostamt, an die das Paket postlagernd geschickt werden soll. Ein Telefonat mit meinen Eltern genügt. Ich kann mich darauf verlassen, daß sie die Reifen auf dem schnellstmöglichen Wege abschicken werden. Auch wenn es mir zunächst wie kleinlicher Perfektionismus vorkam, als ich schwere oder sperrige Ersatzteile zu Hause bereitlegte, so bin ich doch jetzt froh darüber. Es wird mir helfen, Zeit zu sparen. In den nächsten Tagen habe ich jedenfalls genügend Zeit und Muße, die Hauptstadt Islands kennenzulernen. Glücklicherweise scheint der Reifen wenigstens hierfür noch zu halten.

REYKJAVIK – WELTSTADT IM KLEINEN

Reykjavik ist eine häßliche und zugleich topmoderne, eigenwillige Stadt. Schon das Straßenbild enthüllt ihr kosmopolitisches Gesicht. Dort rollen klotzige amerikanische Straßenkreuzer, mit denen man tunlichst nicht die Stadtgrenzen über-

Straße mit Seeblick in Reykjavik

schreitet, neben den russischen Funktionärskutschen »Wolga«. Außer europäischen und japanischen Modellen bieten Autohändler auch den nagelneu aus der DDR importierten »Trabant« an. Ausgemusterte US-Army-Jeeps und betagte russische Geländewagen, wie sie die Rote Armee verwendet – das Straßenbild könnte nicht internationaler sein.

Auch sonst staune ich nicht schlecht. Noch eben habe ich in einem Laden Wollsachen mit traditionellen Strickmustern betrachtet, doch nur ein paar Häuser weiter glitzert topmodischer Chic im Schaufenster einer exklusiven Boutique. Die meisten Jugendlichen sind up to date gekleidet. Beim Anblick ihrer luftigen Garderobe kommt mir sogar im warmen Wollpullover das Frösteln, denn es ist bei dem wolkigen Himmel ziemlich windig und kühl.

Der Bruch zwischen dem Land und dieser Stadt ist nicht zu übersehen. Die Landflucht in Island ist groß, Reykjavik eine schnellwachsende Stadt, die in diesem Jahrhundert ihren großen Boom hatte. Im Großraum Reykjavik leben heute mehr als 50% aller Isländer. Man wird in dieser relativ jungen Stadt vergeblich nach einem historischen Kern suchen, wie man ihn von den Hauptstädten auf dem Kontinent kennt.

Aber dennoch spüre ich bald den besonderen Reiz dieser einzigen isländischen Metropole, deren Bewohner bei aller Moderne, Technisierung des Alltags und Diskrepanz zum ursprünglichen Dasein als Bauern und Fischer noch immer eine tiefe, urwüchsige Verbundenheit mit ihrem Land und seiner wilden Natur empfinden. In den Städten von heute leben noch die Wurzeln von naturverbundener Lebensweise und der Geist der Sagas.

Das Nationalmuseum ist mein erstes Ziel. Alte isländische Gebrauchsgegenstände und kunstgewerbliche Stücke, die teilweise aus Ausgrabungen stammen, illustrieren die Geschichte Islands und die Lebensbedingungen vergangener Zeiten. Im gleichen Haus ist auch die Nationalgalerie untergebracht. Sie zeigt im wesentlichen Gemälde zeitgenössischer Künstler.

Alt und Neu im Hafen von Reykjavik

Ganz offensichtlich sind so bekannte Kunstrichtungen wie der Expressionismus, der Konstruktivismus und die »Neuen Wilden« nicht spurlos an Island vorbeigegangen, auch wenn es keine Künstler von Weltruhm zu bieten hat.

Nach so vielen neuen Einblicken brauche ich einen neuen Ausblick. Den bietet mir die seit 1945 auf ihre Vollendung wartende, eigenwillige Hallgrimskirkja, eine gänzlich aus Beton erbaute Kirche, die zum neuen Wahrzeichen der Stadt wurde. Von der Aussichtsplattform im Glockenturm überblicke ich die Stadt. Aus dieser Perspektive gefällt mir Reykjavik bedeutend besser. Die vielen roten, blauen, grünen und gelben Dächer ergeben ein farbiges Bild, das die Tristesse des vielen Betons überdeckt. Mit einem Stadtbummel und einem Abendspaziergang beende ich meinen ersten »Sightseeing-Tag« in Reykjavik.

Das Trommeln des Regens auf meinem Zeltdach hält mich bis

zum Mittag im Schlafsack. Bei dem unbeständigen Wetter entscheide ich mich für einen faulen Lesetag. Da die Stadtbücherei in den Sommermonaten geschlossen hat, fahre ich bei der Nationalbibliothek vor. Das klassizistische Gebäude hütet das Staatsarchiv in seinen ehrwürdigen Räumen. Ich hole mir deutsche und englische Zeitungen aus den Regalen und setze mich an einen der wuchtigen Holztische. So bin ich bis zum Schließen der Bibliothek um halb sieben angenehm beschäftigt.

Eigentlich um mein Gewissen zu beruhigen und weil es gerade auf dem Weg liegt, frage ich am nächsten Tag im Zollpostamt nach einem Paket für mich. Ich bin auch nicht überrascht, daß die Antwort negativ ist.

In einem großen Supermarkt am Rande der Stadt schaue ich mich ausgiebig um. In den Tiefkühltruhen gibt es Svið, den schwarzgesengten, halben Schafskopf, der als Leckerbissen gilt. Wie ich ihn da so liegen sehe, kann ich mich nur schwer mit dieser Vorstellung anfreunden. Viel eher sagt mir der harte Stockfisch zu. Der billige, den ich mitnehme, ist zwar leicht tranig, aber man hat lange etwas im Mund; und bei geringem Gewicht hat das Zeug großen Nährwert. Zur festen Angewohnheit ist der Skýr geworden. Wann immer ich es angeboten sehe, kaufe ich dieses quarkähnliche Milchprodukt, das mit Früchten zubereitet ist.

Derart gestärkt bin ich fit für ein weiteres Museum. Das kleine Naturkundemuseum ist da gerade richtig: Statt durch endlose Gänge geht man durch eine überschaubare Sammlung, die Flora, Fauna und Mineralien Islands vorstellt. Mir fällt auf, daß ich bereits eine ganze Menge der hier ausgestellten Beispiele irgendwo unterwegs, in freier Wildbahn sozusagen, gesehen habe, wenn auch nicht solche Prachtexemplare aus der Nähe, aber dafür quicklebendig...

Mein weiteres Programm sieht einen Besuch des Nordischen Hauses vor, das von dem berühmten finnischen Architekten Alvar Aalto entworfen wurde. In der Bibliothek des

Hauses finde ich eine Menge Literatur und Bildbände über Island. Es stört dabei wenig, daß fast alle in skandinavischen Sprachen geschrieben sind.

Der absolute Höhepunkt des Tages erwartet mich am Abend. In einem kleinen privaten Studio zeigt Vilhjálmur Knudsen ein zweistündiges Programm faszinierender Filme, die bei den unterschiedlichsten Vulkanausbrüchen in Island gedreht wurden. Unter den Hauptdarstellern sind so bekannte Namen wie Hekla, der Mývatn, Heimaey und Surtsey. Etliche Filme sind mit internationalen Preisen ausgezeichnet. Wie gebannt starre ich auf die Leinwand, die so unglaubliche, nie gesehene Bilder zeigt. Ich bin richtig aufgewühlt durch dieses visuelle Erlebnis und kann noch lange danach nicht einschlafen.

Seit Tagen schon stehen zwei Mountainbikes auf dem Zeltplatz. Nach dem Frühstück erwische ich die beiden dazugehörigen Fahrer. Sie haben in Stockholm ein Fahrradgeschäft und testen hier ein Mountainbike, das sie seit kurzem aus Japan importieren. Nur eine Woche waren sie unterwegs. Trotz

Mit »Bordmitteln« geflickter Reifen

eines Speichenbruches ging alles gut, und sie sind recht zufrieden. Bei einigen Tassen Kaffee macht das Fachsimpeln richtig Spaß, soweit es unsere Englischkenntnisse zulassen.

Dann treffe ich auch noch den Dänen von der Fähre, zum zweiten Mal jetzt schon. Es wird allerdings das letzte sein, da er noch heute abfliegt. Er vererbt mir eine Tüte Riesenkartoffeln, an denen ich mich fast dumm und dämlich koche.

Von den heißersehnten Reifen gibt es immer noch keine Spur. Da das Wochenende vor mir liegt und ich auf keinen Fall weitere Zeit verlieren will, plane ich einen dreitägigen Ausflug Richtung Thingvellir, Geysir und Gullfoss. Dazu nehme ich mir den desolaten Reifen gründlich vor. Aus dem Plastik einer leeren Flasche schmelze ich mit dem Feuerzeug eine Platte, die ich der Reifenform nachgebogen zwischen Decke und Schlauch bringe, um die beschädigten Bereiche zu entlasten. Mit dem Wachspapier von Milchverpackungen wird die kritische Seite ausstaffiert. Vielleicht hält der Reifen so die gut 200 Kilometer durch.

Hafenatmosphäre

Ich bin froh über meinen Entschluß. Erleichtert und voller Erwartung fahre ich raus zum geschäftigen Hafen, um noch ein wenig von der Atmosphäre dieser Stadt einzufangen.

Bei der abendlichen Dusche staune ich wieder über das Wasser. Es gibt nämlich nicht nur zwei unterschiedliche Temperaturen, sondern wirklich zwei Sorten Wasser. Die eine ist eiskalt und wohlschmeckend wie ein Bergquell, die andere brühheiß und schweflig riechend. Sie kommt aus Bohrlöchern außerhalb der Stadt. Auf diese Weise wird die ganze Stadt mit Heißwasser aus der Erde versorgt. Reykjavik – »Rauchbucht«, einst nach den vielen dampfenden Quellen so benannt, ist heute eine schornsteinlose Stadt.

MIT GEFLICKTEM REIFEN AUF DEN SPUREN DER GESCHICHTE

7 Uhr – mein Wecker klingelt, kaum hörbar beim Prasseln des Regens. Ich blase die Aktion ab und drehe mich auf die andere Seite. Erst im Laufe des Vormittags läßt der Regen nach, und ich will auf einmal doch wieder los. Gegen Mittag habe ich dann alles gepackt und verlasse Reykjavik. Ich muß die Ringstraße ein Stück in nordöstlicher Richtung verfolgen, dann sehe ich den Abzweig nach Thingvellir. Ich lege ein ordentliches Tempo vor, da ich am Montag unbedingt noch zum Zollpostamt kommen will.

Thingvellir ist für die Isländer eine nationale Pilgerstätte. Fast 900 Jahre hat die Volksversammlung der freien Männer Islands, das sogenannte Allthing, hier getagt und damit den Ursprung Islands als einer demokratischen Nation begründet. Seit 930 wurden in diesem Tal Gesetze verabschiedet und Urteile gesprochen.

Almannagjá in Thingvellir

Ich komme von Süden zur Almannagjá (Allmänner-
schlucht), die so heißt, weil in ihr bei Unwettern oder Tumul-
ten alle versammelten Männer Zuflucht finden konnten. Man
kann deutlich erkennen, wie die gesamte Ebene mit dem
Thingvallavatn, Islands größtem See, an dieser Bruchstelle
abgesunken ist. Weiter unten finde ich den Gesetzeshügel,
von dem mit sehr guter Akustik Gesetze verkündet wurden.
Daß die Männer, in deren Adern noch Wikingerblut floß,
nicht eben zimperlich mit Verurteilten umgingen, bezeugen
Örtlichkeiten wie das »Ertränkungsloch«, der »Galgenfelsen«
oder die »Verbrennungsschlucht«.

Auf meinem Weg entlang des Nordufers wird mir die Wahl
dieses Ortes verständlich: ein See, fischreiche Flüsse, Weideland und üppige Vegetation, viele Spalten und Höhlen, in
denen Pferde und Vieh gehalten werden konnten. Heute ist
diese historisch bedeutsame Senke ein Nationalpark.

Die kleine Piste zum Laugarvatn ist wieder sehr schlecht

»Regenzeit« in Island

und kostet Kraft. Vorbei an Tafelvulkanen aus der vorletzten
Eiszeit gelange ich zum Laugarvatn, dessen Name zu Recht
warme Quellen im See vermuten läßt. Eine Stunde später
setzt feiner Nieselregen ein. Ich beende nach 86 Tageskilome-
tern an einem kleinen Flüßchen diese Etappe. Mein Kilometerzähler zeigt seit heute eine vierstellige Zahl an: 1052. Ein
kurzer Blick auf den Reifen bestätigt mir, daß meine Bemü-
hungen bisher nicht erfolglos waren.

Die Schlechtwetterphase, die mich in der ganzen nächsten
Woche verfolgt, wird mir täglich nur kurze Regenpausen
gönnen; zu wenig, um Zelt und Kleidung trocknen zu können.
Zwar ist mein Regenzeug absolut dicht und läßt kein Wasser
durch. Das gleiche gilt aber auch in anderer Richtung. Die
Feuchtigkeit, die ich beim anstrengenden Fahren ständig ab-
gebe, läßt mich langsam aber sicher im eigenen Saft schmo-
ren. Ich habe freie Wahl, auf welche Weise ich naß werden

will. Kein Wunder also, wenn meine Jeans nach kurzer Zeit an den Beinen kleben.

Das Geysirfeld im Haukadalur muntert mich wieder auf. Der Große Geysir, der einst allen Springquellen der Erde seinen Namen gab, hat sich zur Ruhe gesetzt. Er ist schon am Ende des 13. Jahrhunderts schriftlich erwähnt worden. Heute springt der Große Geysir nur noch äußerst selten. Von zwei Isländern erfahre ich, daß er dennoch in der letzten Zeit zweimal aktiv gewesen sein soll.

Weitaus reger ist der Strokkur. Darf man einigen Reiseführern glauben, so springt er alle 5–10 Minuten. Doch man darf offensichtlich nicht, denn bei meiner Ankunft zeigt er drei Fontänen innerhalb von zwei Minuten. Kurz darauf hält ein Bus und entläßt eine Reisegruppe in den strömenden Regen. Der Strokkur regt sich nicht. Die meisten Reisenden haben sich bereits wieder in den warmen Bus getrollt, da – nach fast 15 Minuten – springt Strokkur, das »Butterfaß«, wieder.

Ich finde in dem Geysirfeld noch jede Menge kleiner heißer Quellen. In einigen brodelt eine schlammige Flüssigkeit, in anderen jedoch klares, geruchloses Wasser, gerade richtig, um

Heiße Quelle mit glasklarem Wasser

Der Strokkur unmittelbar vor dem Ausbruch

ein Frühstücksei zu kochen. Etwas höher am Bergrücken des Laugarfjall finde ich eine ganz besondere Quelle. Sie besteht aus einem kleinen, tiefen Pool, der bis zum Rand aus Sintergestein gefüllt ist. Das leicht getrübte Wasser leuchtet in einem zarten Hellblau, als wäre es von innen angestrahlt.

Im kleinen Kiosk in Geysir wärme ich mich auf und hoffe, meine Kleidung wenigstens ein bißchen zu trocknen. Prompt lerne ich einen jungen Holländer kennen. Draußen steht sein schönes Rennrad. Er stammt aus einem kleinen Ort am Ijsselmeer und hat für seinen Islandurlaub ganze zwei Wochen Zeit. In wenigen Tagen geht sein Flugzeug zurück nach Amsterdam. Seine Erinnerung an Island wird im wesentlichen aus Regen und Reifenpannen bestehen.

Da er den Gullfoss bereits gesehen hat, fahre ich am Nachmittag allein dorthin und werde am Abend wieder zurückkommen. Wir wollen morgen gemeinsam Richtung Reykjavik aufbrechen.

Cañon der Hvitá

Daß der Gullfoss, »Goldwasserfall« zu deutsch, seinen Namen von der Abendsonne haben soll, die sich in den schönsten Farben in seinen Wasserwolken bricht, kann ich nicht nachvollziehen. Es ist zwar Abend, aber von Sonne keine Spur. Doch auch so verliert der Gullfoss nichts von seiner Schönheit: Kaskadenartig fällt die Hvitá über zwei Fallkanten in einen schmalen Cañon.

Es zieht mich noch einmal zum Strokkur. Gespannt warte ich immer wieder auf den Moment, in dem sich die Wasseroberfläche zu einer großen Glocke aufwölbt und dann augenblicklich mit großer Gewalt zur Fontäne zerplatzt. Der stetige Wind erlaubt es mir, mich bei den Ausbrüchen an die Luvseite heranzupirschen und so das Schauspiel ganz nah zu erleben.

ICH ERSUCHE UM
KLIMATISCHES ASYL

Bevor wir starten können, muß ich mir noch den kaputten Reifen vornehmen. Er platzt jetzt an einer der perforierten Stellen ebenfalls auf. Mich kann das nicht mehr aus der Ruhe bringen, seitdem ich mit Gummiflicken und Milchverpackungen Erfolg habe. Erheblich schlechter hat es mein holländischer Begleiter. Seine schmalen Hochdruckreifen halten dem scharfen Schotter nicht stand. Laufend müssen wir anhalten, um den Schlauch zu wechseln. Er hat drei mit Gummiflicken gespickte Schläuche, die er dank seiner Schnellspannaben rasch wechseln kann. Sind alle drei kaputt, legen wir eine Pause ein, in der er ans Flicken geht. Trotz des Regens hat er es darin zu einer echten Meisterschaft gebracht.

Nur im Schrittempo kommen wir voran, da er ständig nach spitzen Steinen Ausschau halten muß. In Thingvellir hat er nach gut einem halben Dutzend Pannen die Nase voll. Eine Brotzeit lang sitzen wir noch zusammen, dann nehme ich Abschied von dem sympathischen Lehrer mit den isländischen Sagas im Reisegepäck.

Mir stehen noch zwei üble Stunden bevor. Die Sicht ist gleich Null, und der Wind ist schneidend kalt. Vom Regen sind meine Hände steif geworden. In Sichtweite des Hofes Laxness, auf dem der isländische Schriftsteller und Nobelpreisträger Hálldor Laxness lebt, schlage ich schließlich mein Zelt auf.

Als ich mit den klammen Fingern meine Schuhe nicht öffnen kann und weder mit dem Feuerzeug noch mit den angeblich wasserfesten Streichhölzern den Kocher in Gang bringe, rollen die Tränen. Ich heule mir die Wut und die Erschöpfung vom Leibe. So wird mir warm. So bekomme ich auch die Schuhe auf und den Kocher zum Brennen. Der heiße Tee in meinen steifen Fingern bringt mich wieder zu Laune. Nur schnell heraus aus der klitschnassen Hose. Glücklicherweise ist der Schlafsack (noch) trocken. Morgen sieht alles sicher besser aus...

Fehlanzeige. Es ist absolut ekelhaft, in Hosen zu steigen, die am Morgen genauso naß sind, wie man sie am Abend ausgezogen hat. Doch die Hoffnung, im nahen Reykjavik meine Ersatzreifen in Empfang nehmen zu können, beflügelt mich.

Jäh reißt mich das Kopfschütteln des Schalterbeamten aus meiner Stimmung. Wo sind die Reifen geblieben? Zum Trost gönne ich mir ein kleines Festessen aus Skýr, Stockfisch und sündig teurer Schokolade, das ich erheblich besser verdaue als meine Enttäuschung.

Am neunten Tag nach dem Abschicken der Reifen in Deutschland soll wieder kein Paket für mich angekommen sein. Ich bitte das Fräulein am Schalter, höheren Ortes oder sonstwo nachzufragen. Als ich ihr meine Lage schildere, will sie es gern tun. Irgendwie liegen dann in der nächsten Viertelstunde meine Reifen auf dem Tresen, fein säuberlich vom Zoll wieder verpackt und vor allem zollfrei. Ich möchte ihr einen dicken Kuß aufdrücken, entscheide mich aber dann doch für ein augenzwinkerndes »Dankeschön«.

Während mein Essen munter kocht, sitze ich in einer Wiese mitten in Reykjavik, die ich dem teuren Zeltplatz vorgezogen habe, und ziehe vorne und hinten neue Decken auf. Noch einmal bewundere ich mein Flickwerk, dann wandert der kaputte Reifen in den Müll. Der zweite Reifen ist zwar auch schon leicht angeschlagen, aber ich nehme ihn als Ersatz mit. Noch einmal wird mir so etwas nicht passieren.

Beim Verlassen Reykjaviks ergibt sich noch eine Situation, die den eigenwilligen Charme dieser Stadt bekräftigt. An einer Kreuzung steht neben einem uralten, liegengebliebenen Volvo eine junge Frau. Ein bulliger Polizeijeep mit riesiger Dachantenne hat angehalten, und der Polizist beugt sich mit aufgekrempelten Hemdsärmeln, die Dienstmütze auf dem Kopf, unter die offene Motorhaube und fingert in der Kabelage herum. Wo sonst kann man sich dergleichen vorstellen?

Meine Kette zwitschert wie ein Kanarienvogel. Das Ölfläschchen ist längst leer, und ich muß in den kommenden Wochen immer wieder bei Tankstellen vorfahren und nach ein paar Tropfen fragen. Irgendwie kann mich der Regen, den mir der Wind jetzt fast waagerecht entgegentreibt, mit den neuen Reifen nicht mehr so sehr stören. Ich erinnere mich an ein isländisches Sprichwort: »Wenn dir das Wetter nicht gefällt, warte ein Viertelstündchen.« Bisher hat das launische Wetter diesem Spruch alle Ehre gemacht, warum soll nicht auch diese Regenzeit ganz überraschend enden?

Für Überraschung sorgt jedoch erst mal ein Kleinlaster, der vor mir hält. Ein älterer Isländer und sein Sohn steigen aus. Ohne viele Worte packen sie mein Rad hinten in den Laderaum zu Kisten mit Obst, Kartoffeln und Brot. Ich steige bei den beiden vorne ein. Dampfend vor Nässe nehme ich den

Apfel an, den der Junge aus einer Tasche kramt. Die beiden sprechen kaum Englisch, und ich kann kein Wort Isländisch. Unsere »Unterhaltung« gestaltet sich dementsprechend kurios. Im Vorbeifahren erzählen sie mir stolz, daß in den von heißen Quellen beheizten Gewächshäusern Hveragerdis Südfrüchte geerntet werden. Es gebe, so berichtet der Alte grinsend, sogar echte isländische Bananen. Ich muß bei diesen Worten ziemlich hungrig aussehen, denn er bittet seinen Sohn, noch einmal in die Tasche zu greifen und eine Stulle hervorzuholen. Fingerdick liegt der herrlichste Lachs zwischen den Brotscheiben. Es macht den beiden sichtlich Spaß, daß ihre alltägliche Mittagsstulle mich in solche Verzückung bringt. Lachs scheint hier keine Besonderheit zu sein. Halldór Laxness schreibt in seinem Roman »Atomstation« von Island, dem größten Fischland der Welt, »wo selbst die Hunde aus dem Haus gehen und sich übergeben, wenn sie von Lachs sprechen hören«.

In Selfoss haben die beiden mich abgesetzt. Es ist gar nicht die so ohne jede Anstrengung zurückgelegte Strecke, die mich freut, sondern diese spontane, unkomplizierte Art, die mir immer wieder begegnet.

Im Zwiegespräch mit meinem quietschenden Sattel ziehe ich weiter. Jedesmal, wenn ein entgegenkommender Bus an mir vorbeirauscht, hagelt es um mich herum kleine Steine, die klirrend an mein Rad sausen. Nachdem mich jetzt einer am Kopf erwischt und der Kilometerzähler den Steinschlag nicht überstanden hat, weiche ich in Zukunft lieber auf die Böschung aus und halte dort. Nicht umsonst haben viele Fahrzeuge Gitter vor Frontscheibe und Scheinwerfern. Nach der Halterung des Frontlichtes und der Lenkertasche und einem Haken der Fahrradtaschen hat sich nun also auch mein Kilometerzähler verabschiedet. Ich werde den Stand nach der Karte berechnen müssen.

MODESPEKTAKEL
IN DER FRITTENBUDE

Der Bann ist gebrochen. Jetzt, wo mein Schlafsack am Fußende bereits naß ist, begrüßt mich morgens eine aufgerissene
Wolkendecke. Auch der Wind hat gedreht und schiebt jetzt
ordentlich von hinten. Es hätte kaum besser passen können,
da ich das landwirtschaftlich intensiv genutzte Südwestisland
verlasse und wieder in die landschaftlich beeindruckenderen
Gegenden komme. Es ist so, als hätte ich meine Probe bestanden und das Wohlwollen des Wettergottes endgültig erobert.

Auf der Markarfljót-Brücke schaue ich etwas wehmütig die
links abzweigende Piste 249 entlang. Sie führt in das traum-
hafte Thórsmörk, das ich leider nur von Fotos kenne. Wenn
ich jetzt noch ein paar Tage mehr hätte und vielleicht auch
etwas mehr Mut, ich würde es wagen, erst mit dem Rad und
dann zu Fuß so weit wie möglich in dieses Tal vorzudringen.

Südisland

Aufgeschoben ist nicht aufgehoben, sage ich mir und fahre weiter immer unter dem Eyjafjalla- und Mýrdalsjökull entlang und mit ständigem Blick auf die Westmännerinseln.

Alle Nase lang stürzt sich über die steilen Felshänge ein Bach und bildet so einen der vielen Wasserfälle. Vor dem Seljalandsfoss lerne ich zum ersten Mal einen putzigen Papageientaucher aus der Nähe kennen. Wie er mich so aufmerksam von der Seite mustert, wird mir ganz unwohl bei dem Gedanken, daß gebratene Papageientaucher eine isländische Spezialität sind.

Der Skógarfoss hat es nicht nur mir angetan. Von einem deutschen Traveller erfahre ich, daß es hier einem ZDF-Team bei Aufnahmen für eine Freiluft-Modenschau buchstäblich die Suppe verhagelt haben soll. Und tatsächlich sind die meisten Aufnahmen, die in der Modenschau schließlich gesendet werden, nicht im Freien entstanden. In den verregneten Tagen der letzten Zeit haben sie sogar im Kiosk in Geysir gefilmt. Hätte es da nicht der heimische Schnellimbiß um die Ecke auch getan?

Wieder mal eine Jökulsá – ich habe das Gefühl, jeder zweite Fluß Islands heißt so. Aber diese Jökulsá ist trotzdem etwas ganz Besonderes. Sie kommt aus einem Solfatarengebiet und bringt ein Odeur mit sich, das es mit jedem Haufen fauler Eier aufnehmen könnte. Kein guter Platz für die Nacht, gewiß.

Ich habe mich auch schon für das Kap Dyrhólaey entschieden. Es ist der südlichste Zipfel Islands, wenn ihm nicht die sich ständig verändernden Sander demnächst den Rang ablaufen, und steigt schroff aus der Küstenlandschaft empor. Mein Bike muß unten warten, den steilen Weg auf die Klippen bewältige ich besser zu Fuß. Der erwartete Rundumblick bleibt nicht aus – Zeit, Luft zu schnappen.

Der Skógarfoss in Südisland

Blick nach Osten vom Kap Dyrhólaey

Wieder unten angekommen, campe ich außerhalb des Na-
turschutzgebietes in Strandnähe. Ich will nämlich noch einen
ausgiebigen Strandspaziergang unternehmen. Das Rauschen
der Brandung, die weiße Gischt auf dem schwarzen Strand,
der stramme Wind und der salzige Geschmack auf den Lippen
– ich verspüre den Drang zu brüllen, zu laufen, ich renne los,
singe lauthals und schief, ich stolpere. Ich muß lachen über
meinen Blödsinn. Ich bin unglaublich froh.

Die auf mich aufmerksam gewordenen Seeschwalben attak-
kieren mich mit lautem Gezeter. Ich kenne das nur zu gut und
foppe sie mit einem Stock. Die vielen unvergessenen Monate
an der Nordsee, Kindheitserinnerungen mit Burgenbau am
Strand kommen mir in den Sinn. Ich kann mich eines breiten
Grinsens nicht erwehren... Noch lange lausche ich an diesem
Abend dem Rauschen der Brandung.

Bevor es weitergeht möchte ich noch einmal kurz ans Meer.
Das Kap mit dem großen Felstor erhebt sich gerade aus dem

74

Morgennebel. Ich glaube, hier könnte ich stundenlang nur so dasitzen und schauen, nichts als schauen.

Das Städtchen Vik, der Mýrdalssandur unter dem berühmt-berüchtigten Gletschervulkan Katla und weite Blocklavafelder ziehen vorüber. Ich fliege, die Sonne im Rücken, förmlich über den Schotter. Wehe dir, Katla, ich weiß, daß du längst überfällig bist!

Tags darauf passiere ich die Nýja-Eldhraun, die »Neue Feuerlava«, auf einer schnurgeraden Straße. Die 200 Jahre alte Blocklava ist mit weichem, grünem Moos überwuchert. In diesem harmlosen Gewand läßt sie nicht mehr ahnen, welche verheerende Wirkung der Laki-Ausbruch, der diese größte Lavamenge historischer Zeit förderte, mit sich brachte. Über 10 000 Menschen starben in den Jahren danach an den direkten und indirekten Folgen. Acker- und Weideland wurde entweder durch Lava oder durch Ascheregen auf Jahrzehnte vernichtet. Das Vieh verreckte elend. Giftige Vulkangase verseuchten ganze Landstriche und ließen sie verwaisen.

Kirkjugólf

75

All dies paßt nicht zu der Weite, zu der sparsamen Schönheit dieser Landschaft. Unschuldig und vom Schicksal seiner Vorfahren nichts ahnend rennt ein Lamm kurz vor meinem Vorderrad über die Straße zu seinem Mutterschaf. Längst hat die Natur die Wüstenei zurückerobert.

Kurz vor Kirkjubæjarklaustur schien der Feuergott Surtur ein Einsehen mit dem geplagten Volk zu haben und ließ den Lavastrom stoppen. Im Ort finde ich bald den Kirkjugólf, ein aus regelmäßig gebrochenem Basalt bestehendes, glattgeschliffenes Pflaster, das wie ein Kirchenfußboden aussieht.

Eigentlich habe ich keine besonderen Ambitionen, heute noch weit zu fahren. Vielleicht 10 bis 15 gemütliche Kilometer, und ich bin zufrieden. Als ich dann aber doch ganz locker bis zu der winzigen Kapelle in Núpsstaður komme, die sich scheinbar ängstlich vor dem mächtigen Felsklotz Lómagnúpur in die Wiese kauert, erwacht mein Ehrgeiz. Wenn ich heute noch den Skaftafell-Nationalpark erreiche, habe ich morgen einen ganzen Tag zum Wandern.

Vor dem Lómagnúpur

Ich zögere nicht lange und bin schon wieder »on the road«. Gut 30 Kilometer geht es durch die graue Schuttebene des Skeiđarársandur. Die Ringstraße ist hier erst 1974 mit einem Brücken- und Dammsystem geschlossen worden. In dem verwirrenden Netzwerk unzähliger Flußarme fließt nur wenig Wasser. Die Dämme, die das Wasser trichterförmig auf die breiten Brückendurchlässe zuführen sollen, stehen scheinbar überflüssig im Trockenen. Es gehört schon einige Phantasie dazu, sich vorzustellen, wie hier ein »Gletscherlauf« tobt.

Immer wieder kommt es zu diesen teilweise katastrophalen Ereignissen, wenn einer der kleinen oder größeren Vulkane unter dem Gletschereis des Vatnajökull aktiv wird. Dann brechen ungeheure Wassermengen mit haushohen Eisbergen über das Vorland. Ob die Ringstraße einen großen Gletscherlauf je überstehen wird, weiß niemand. Eine Klärung dieser Frage ist mir auch im Moment durchaus nicht wichtig.

ZU FUSS ZU FÜSSEN DES VATNAJÖKULL

Eine kalte Nacht habe ich hinter mir. Gegen Abend war von den Gletschern eisige Kälte herabgekrochen, die auch heute morgen noch über dem Zeltplatz liegt. Da hilft nur ein strammer Marsch.

Gleich hinter dem Zeltplatz steigt ein Wanderweg bergan und führt neben einem Bach entlang. Auf diese Weise kann ich unmöglich den Svartifoss verpassen, der recht unspektakulär vor sich hinplätschert. Einmal mehr zeigt sich hier die interessante Eigenart des Basaltes, in lange sechseckige Säulen zu brechen, als stünden hier übergroße Bleistifte eng beieinander.

Blick ins Morsárdalur, im Hintergrund der Skeiðarárjökull

Der Weg verläßt den Bach und überquert einen ersten Aussichtspunkt, um dann auf einer leicht ansteigenden Ebene in sumpfigem Gelände zu verschwinden. Das gurgelnde Geräusch meiner Schuhe im nassen Grund und Wollgrasfelder begleiten mich bis zum Fuß des nächsten Aussichtsberges. Ich lasse ihn links liegen, da ich zum höchsten Punkt des Wanderweges will.

Dort unter dem Kristinartindar bietet sich aus 700 Metern Höhe die schönste Aussicht. Von der dicken Eiskappe des Vatnajökull stürzt das Eis in einem »Eisfall« über eine steile Felswand. Tiefer unten bildet sich daraus die zerklüftete Gletscherzunge des Morsárjökull. Gelegentlich verkündet fernes Grollen den Absturz eines neuen Eispaketes.

Hat uns eben noch das Staunen sprachlos gemacht, so wandern wir jetzt redselig weiter: ich und ein zünftiger,

»Basaltbleistifte« am Svartifoss

»Eisfall« am Vatnajökull

48 Jahre alter Wanderer, den es ebenso wie mich ganz allein nach Island gezogen hat. Der glühende Skandinavienfreund und -kenner hat viel zu erzählen. Bei Tee und Brot, Käse und Wurst aus seinem Rucksack höre ich von den letzten Moschusochsen Lapplands. Schon mehr als 50 Reisen hat er nach Nordeuropa unternommen, und doch ist für ihn Island ein neues, überwältigendes Erlebnis.

Glatte sechs Stunden haben wir schauend, kauend und wandernd gebraucht, bis wir wieder auf dem Zeltplatz stehen. Ich verabschiede mich von ihm, denn ich ziehe dem voller werdenden Campingplatz ein einsameres Plätzchen vor. Bei Fagurshólsmýri im Bezirk Öræfi (das heißt Einöde, Wüste) finde ich es.

Die nächsten drei Tage nimmt das Gletscherpanorama kein Ende. Eine Gletscherzunge nach der anderen schiebt der Vatnajökull nach Süden. Besonders aufregend wird es, wenn der Gletscher in einen See kalbt und dort in eine stolze Flotte

80

Gletscherzunge des Vatnajökull

von Eisbergen zerbricht. Waren auf dem Fjallsárlón noch recht wenige, so hat der Breiðamerkurjökull den Jökulsárlón mit ihnen übersät. Unter ständigem Knirschen und Knacken brechen kleine Eisberge ab und treiben auf den tiefen See hinaus. Viele sind ganz schwarz vom aufliegenden Moränenmaterial, andere wiederum zeigen hellblaues, durchsichtiges Eis. Je länger ich die skurrilen Eisformen betrachte, desto mehr entdecke ich in ihnen Gesichter oder auch fabelhafte Wesen, wie mit ungelenker Hand modelliert.

Am Ufer liegt ein Tröllabrauð, ein »Trollbrot«. Der klirrende Winterfrost am Gletscher hat einen rundgeschliffenen Stein wie einen aufgeschnittenen Brotlaib in viele Scheiben getrennt. Schnell finde ich noch weitere Exemplare.

Als wären sie hier die Aufpasser, sitzen überall große Möwen in gebührendem Abstand auf den Steinen. Es sind Skuas, die größten Möwenvögel, auch Raubmöwen genannt. Ich beschließe, mich nicht mit ihnen anzulegen.

Eisige Fabelwesen

Die Busfahrer sind immer wieder für einen Scherz zu haben. Diesmal erheitert einer gerade seine Reisegruppe, als ich vorbeikomme. Er ruft mich, will mal auf meinem Rad fahren. Lachend schaue ich zu, wie er sich auf dem ungewohnten, schwerbepackten Gerät abmüht und nur knapp einem Sturz entgeht. Die Gruppe hat ihren Spaß über seine linkischen Versuche. Mit Schweißperlen auf der Stirn läßt er es gut sein und steckt mir augenzwinkernd zwei Schokoladenriegel aus der Bordverpflegung in die Tasche.

Auch sonst scheint hier immer etwas los zu sein. Mit explodierenden Eisbergen, einem künstlichen U-Boot-Eisberg und einem großen, roten Modellhubschrauber dreht hier ein Filmteam den neuesten James-Bond-Thriller. Später wird dieser ganze Aufwand nur die ersten fünf Minuten von »Im Angesicht des Todes« hergeben. Anscheinend aber hat der

Am Gletscherrand

Ein Tröllabrauð

schwimmende Plastikeisberg die Isländer auf eine Idee gebracht: Heute kann man – leider – im knatternden Motorboot zwischen den Eisbergen herumgefahren werden.

Das Krächzen der blauschwarz glänzenden Kolkraben mit dem bartartigen Schnabelgefieder hat mich geweckt. Sie hokken da und fixieren mich beim Frühstück.

Mit Höfn erreiche ich wieder einen typischen isländischen Ort. Alle Dörfer wirken eigenartig zersiedelt. Wie zufällig scheinen die Häuser zusammengewürfelt. Es fehlt fast immer ein alter Ortskern. Erst in den Ostfjorden beginnen die Orte zu Orten zu werden. Dort rücken die Häuser vor den Felswänden zusammen, bekunden ihre Zusammengehörigkeit nach außen hin sichtbar. Die »lebhafte Hafenstadt Höfn« zeigt sich mir in einer schläfrigen Mittagsruhe. Selbst die Möwen am Hafenbecken dösen auf ihren Plätzen vor sich hin.

Fünfzehn Kilometer in östlicher Richtung bekomme ich seit langem einmal wieder richtig harte Arbeit. An der Südküste fehlten knackige Steigungen, bis jetzt, denn vor mir geht es

84

An der Südküste

auf zum Almannaskarð. Nur 150 Meter hoch liegt dieser Paß, kein Gegner also für einen Radler. Allerdings geht es von dieser Seite konstant mit 16% Steigung in die Höhe. Da ist nichts mit flachen Erholungsstrecken. Doch im 1. Gang und mit etlichen Verschnaufpausen wird auch dieses Hindernis genommen.

Nach dem schweißtreibenden Anstieg geht es rasant bergab: Ein unachtsamer Augenblick, und schon habe ich ein ausladendes Schlagloch übersehen. Mit einem harten Schlag donnere ich hinein und hebe auf der anderen Seite kurz ab. Ich bin so überrascht, daß ich um Haaresbreite aus dem Sattel geschleudert werde. Nicht ganz so gut übersteht es eine Hinterradtasche. Sie macht sich selbständig und rollt munter einen kleinen Abhang hinunter – fast unbeschädigt.

Am Lónsheiði-Paß steht ein Schild: »lokað« – gesperrt. Auf meiner Karte ist hier eine Fahrspur eingetragen. Die Ringstraße umrundet jedoch das Gebirgsmassiv. Dort verläuft sie hoch über dem Wasser an ungesicherten steilen Hängen. Teilweise sind von oben Steine herabgerollt und zwingen besonders die Busfahrer zu spannenden Ausweichmanövern.

An einer flachen Stelle turne ich zum Strand herunter. Vielleicht finde ich ja hier die weißbraune Islandmuschel, die an der Nordsee nur äußerst selten anzutreffen ist. Ich habe Glück. Aber beim Absuchen des Hochwassersaumes habe ich überhaupt nicht nach vorn geschaut und stehe plötzlich vor dem widerlich stinkenden Kadaver eines bestimmt fünf Meter langen Wales. Vielleicht ist er durch Krankheit oder Sturm geschwächt hier auf Land geraten und konnte nicht mehr loskommen. Fällt er dann trocken, erliegt er seinem eigenen Körpergewicht.

STRASSE MIT SEEBLICK

Ich komme jetzt in das Gebiet der Ostfjorde. Bisher boten die Fjorde noch nicht das typische Bild, wie man es beispielsweise von Norwegen kennt, sondern waren flache Buchten, die durch eine Art Nehrung, eine Sandbank fast gänzlich vom offenen Meer abgeschnitten waren. Hier im Osten aber werden die Fjorde länger und schmaler, die Berge steiler, das Wasser tiefer.

In Djúpivogur, einem kleinen Fischerort, kann ich meine geschrumpften Vorräte aufstocken. Mit Blaubeerskýr und frischer Milch versorgt, lasse ich die Beine über dem Hafenbecken baumeln. Ein paar arg mitgenommene Fischerboote liegen am Kai, und überall habe ich den Geruch von Fisch in der Nase.

Zwei Jungen angeln mit einer Schnur im Hafenbecken. Sie fangen nichts als kleine Krabben, die sie mit Holzstöcken zum

86

Flacher, weiter Fjord

Kampf reizen. Wie zu erwarten, fliegen alle hoffnungslos
unterlegen bald in die Rückenlage. Auf dem Weg zurück ins
Wasser haben sie sich vor einer Silbermöwe zu hüten, die
dann auch prompt einen Treffer landet. Auch sie wirft die
Krabben kurzerhand mit dem Schnabel auf den Rücken und
zertrümmert dann mit kräftigen Hieben die Unterseite.

Hundert Meter weiter sehe ich zu, wie gerade angelandeter
Fisch mit blitzschnellen Handgriffen zerteilt und gesäubert
wird. Nach dem Wiegen kommt er in große Plastikkübel und
wird in eimerweise Salz eingelegt. Das Ganze wandert sofort
auf einen bereitstehenden Lkw. Es ist schon paradox: Hier
sehe ich, wie Fisch fangfrisch eintrifft und sofort zur Weiter-
verarbeitung abtransportiert wird, und im Genossenschaftsladen nebenan kann man ihn nur aus der Tiefkühltruhe kaufen...

Vor der Kulisse der imposanten Felspyramide Búlandstindur schaue ich mir auf dem Hof Teigarhorn herrliche Zeolith-

Stockfisch am Fjord

stufen an, die in dieser Gegend gefunden wurden. Nachdem die Vorkommen geschrumpft sind und Zeolithe längst synthetisch hergestellt werden, ist die einst bedeutende Mine verschwunden. Bei einem Abstecher von der Straße finde ich zwei schöne Exemplare dieser abwechslungsreich kristallisierenden Minerale. In der Nähe meines Zeltplatzes dicht am Wasser macht eine weitere Islandmuschel mein Finderglück komplett. Was will ich mehr?

Angesichts der Zeit, die mir bis zur Abfahrt der Fähre noch bleibt, entscheide ich mich für einen Umweg, denn schon im nächsten Fjord verläßt die Ringstraße die Küste und steigt steil und rauh zur Breiđdalsheiđi auf. Von dort ist es dann nicht mehr weit bis Egilsstaðir.

Ich möchte aber gern so lange wie möglich an der Küste bleiben. Diese Straßen mit direktem Blick auf das Meer und das sonnige Wetter sind einfach traumhaft. Die streckenweise wieder recht ruppige Straße Nr. 96 verläuft auf gut einhundert

Búlandstindur

Kilometern an der Küste, von Fjord zu Fjord. Es ist schon eigenartig, morgens auf der anderen Seite des Fjordes Häuser zu sehen, die man erst am Nachmittag nach einer halben Tagesetappe erreicht.

Weit draußen auf dem Meer habe ich am Horizont eine weiße Nebelschicht entdeckt – Seenebel. Keine zehn Minuten später ist er da. Schneller, als ich mit dem Rad vorwärtskomme, schiebt sich die vielleicht nur fünfzig Meter dicke Watteschicht in den Fjord. Schlagartig kann ich kaum noch sehen, immer nur ein ganz kurzes Stück Strecke ausmachen. Als die Straße ein wenig ansteigt, bin ich auf einmal oberhalb des Nebels, der sich wie eine zähe Flüssigkeit ausgebreitet hat. Es ist, als säße ich im Flugzeug irgendwo hoch über den Wolken. Ebenso schnell, wie der Seenebel gekommen ist, verzieht er sich schließlich auch wieder, steigt hoch und hat sich in Minutenschnelle aufgelöst.

Welche Vielfalt an prächtigen Mineralien hier in den geolo-

Aufziehender Seenebel

gisch relativ alten Ostfjorden zu Tage tritt, zeigt Petra Sveins-
dóttir eindrucksvoll. Im Garten ihres Hauses in Stöðvarfjör-
ður hat sie die Ergebnisse jahrelanger Sammelleidenschaft
liebevoll ausgestellt.

Auf meiner Weiterfahrt durch die einsame Fjordlandschaft
begegnet mir seit langem mal wieder ein Radler. Der Brite
kommt aus Seyðisfjörður, wo er gestern mit der Fähre eingetroffen ist. Er fragt mich nach den Straßen, nach Sehenswürdigkeiten und Einkaufsmöglichkeiten. Die Straßen haben ihn,
da er sich völlig unvorbereitet auf diese Reise gewagt hat,
ziemlich unangenehm überrascht. Mit seinem teuren Rennrad
sieht er einigermaßen pessimistisch in die kommenden Tage.
Was soll ich ihm sagen? Ich kann mir seit den Erfahrungen mit
dem Holländer gut vorstellen, was ihm blühen wird.

DER KREIS SCHLIESST SICH

In Búðareyri ist es endgültig soweit. Ich muß die Küste verlassen und ins Inland, genauer: ins Fagridalur, hochsteigen. Der Anstieg durch dieses Tal stellt sich als vollkommen harmlos heraus, so daß Egilsstaðir bald erreicht ist.

Nachdem eigenartigerweise selbst um 10 Uhr alle Geschäfte in Búðareyri geschlossen waren, gedenke ich hier ein wenig einzukaufen, schließlich liegt ja auch ein Wochenende hinter mir. Erstaunt muß ich auch hier feststellen, daß außer der Tankstelle mit dem Kiosk alle Geschäfte geschlossen sind. Den Grund erfahre ich schnell: Am ersten Montag im August feiert man den Tag der Handelsleute.

Welchen Unterschied doch ein paar Kilometer machen können. Vorhin fuhr ich durch total verschlafene Fischerorte – kein Lärm, niemand auf der Straße, hier eine Frau auf dem Balkon, dort ein alter Mann auf der Gartenbank, gelegentlich ein Bauer auf dem Feld, aber selbst die Hofhunde, die mich mit ihren kläffenden Attacken bisher immer in Schrecken versetzt haben, liegen faul und schläfrig in der Sonne und gönnen mir höchstens einen gelangweilten Blick.

Hier vor dem Kiosk in Egilsstaðir ist zum ersten Mal auf der ganzen Fahrt die Hölle los. Der Parkplatz ist überfüllt mit Bussen und Pkws, lange Schlangen von Wartenden vor den Tresen und den Toiletten. Fast eine halbe Stunde stehe ich für den Luxus eines süßen sättigenden Softeises. Auffällig sind die vielen jugendlichen Isländer. Angeblich findet zur Zeit gerade das alljährliche Rockfestival im nahen Atlavik statt.

Viele Jugendliche sind total betrunken. Flaschenweise haben sie »Schwarzen Tod«, den nach seinem Etikett benannten, isländischen Schnaps, bei sich. Doch keiner fängt an zu randalieren. Brav stehen sie schwankend in der langen Schlange und warten, bis sie an der Reihe sind. Auch als die Polizei die betrunken zwischen den Autos liegenden Jungen auffordert mitzukommen, gibt es keinen Ärger. Anstandslos trottet die ganze Bande auf die Wache. Schon zuvor war mir die eigenwillige Trinkmentalität der Isländer aufgefallen. Das allabendliche »Fläschchen Bier« oder gar »Gläschen Wein« gibt es hier wohl nicht. Nur an den Wochenenden gibt es gelegentlich Alkohol. Dann allerdings auch in solchen Mengen, daß bald die ganze Versammlung in den Seilen hängt.

Auf dem Zeltplatz am Geysir habe ich es mitbekommen. Kurz vor acht treffen zwei isländische Familien ein. Schnell sind die Zelte aufgebaut und der Grill angeworfen. Unbeeindruckt von Kälte und Regen herrscht im Zelt Hochstimmung. Lieder werden gesungen, eine Gitarre ist dabei und natürlich »Schwarzer Tod«. Ich stelle mich auf einen langen Abend ein, doch schon um zehn Uhr ist es mucksmäuschenstill, mehrere leere Flaschen liegen vor dem Zelt.

Was unsereiner so über die Woche konsumiert, rinnt hier an einem Abend durch die Kehle, aber eben auch nur an diesem Abend. Auffällig ist auch, daß anders als bei uns Betrunkenheit keine gesellschaftliche Diskriminierung erfährt. Sich kaum noch auf den Beinen halten zu können, ist offensichtlich nichts Anstößiges oder gar Asoziales, sondern eine halt gelegentlich vorkommende, tolerierte Erscheinung des alltäglichen Lebens. Vielleicht führt diese Einstellung dazu, daß betrunkene Jugendliche sich nicht ausgegrenzt fühlen und daher friedlich bleiben.

Die Fahrt von Egilsstaðir auf die mir wohlbekannte Fjarðarheiði ist die letzte größere Anstrengung meiner Reise. Ihr folgt, sozusagen als Krönung, die luftige Abfahrt nach Seyðisfjörður. Nur zu gut ist noch die Erinnerung an diese Begrüßung, die mir Island gleich auf den ersten Kilometern gab. Doch so relativ sind die Dinge – die gleiche Strecke, einmal schweißtreibende Anstrengung und einmal jubelnde Ausgelassenheit. So schließt sich für mich der Kreis dieser einmaligen Tour.

Letzte Abfahrt dieser Reise

Obwohl ich so vieles nicht gesehen, nicht entdeckt habe, bin ich jetzt tatsächlich übersättigt. Ich brauche Zeit, um alles revue passieren zu lassen, die Erlebnisse zu verarbeiten. Für sechs Wochen hatte ich das Gefühl, ständig unter Strom zu stehen, wurde von einem Höhepunkt zum nächsten getrieben. Nun bin ich einfach erschöpft, nicht nur körperlich.

In Seyðisfjörður bleibt mir noch ein Tag für kleine Besorgungen. Der Zeltplatz hat sich mit Travellern gefüllt, die alle auf die Fähre warten. Viele sehe ich natürlich nicht zum ersten Mal. Mit einigen war ich schon auf der Hinfahrt zusammen, andere habe ich sogar drei Mal unterwegs getroffen. Eine deutsche Tramperin erzählt, daß sie von anderen Reisenden von einem Radler im Hochland gehört habe, »mit einem grünen Rad und roten Taschen«. Das konnte nur ich gewesen sein.

Beim »Check in« für die Fähre werde ich weiter bestaunt und ausgefragt. Wieder einmal klicken ein paar Kameras. Ich

93

Blick auf Seyðisfjörður am Ende des gleichnamigen Fjordes

bin richtiggehend stolz, als ich zwischen verdreckten und auch ramponierten Allradwagen auf die Fähre fahre. Mein Mountainbike hat diese Probe erstklassig bestanden, besser sogar als manches Geländemobil.

Schon kursieren die ersten Neuigkeiten: Ein Team soll seinen Citroën 2 CV kreuz und quer durch Island gequält haben. Ein fast abgerissener Kotflügel, eine abgebrochene Stoßstange, ein total verbeulter Auspuff und vier gekillte Reifen sind die Bilanz dieser Odyssee. An allen Ecken und Enden des Schiffes wird jetzt erzählt. Auch ich bin irgendwo dabei.

Langeweile kommt nicht auf. Immer wieder werde ich angesprochen, soll berichten. Ein Wiener, passionierter Radler, diesmal mit seiner Familie im Allradbus unterwegs, läßt sich alles genau beschreiben. Vielleicht will er es auch einmal mit dem Rad wagen.

Im Verlauf des ersten Tages wird der Nordatlantik unruhi-

94

Kirche von Seyðisfjörður

Kurz nach dem Ablegen

... Ich werde wiederkommen!

ger, das Schiff kommt schon mal ins Rollen und Schlingern. Binnen kurzer Zeit sieht man überall kreidebleiche Gesichter. Auch das große skandinavische Büffet im Restaurant findet kaum noch Freunde. Eine deutsche Familie, der es ebenfalls nicht besonders gut geht, bietet mir großzügig von den übriggebliebenen Vorräten an. Ich zögere keinen Augenblick und lasse mich von den dreien »durchfüttern«.

Den Vogel schießt ein junger Franzose ab. Nach einigen Monaten Indien hatte er sich spontan für Island entschieden. Seine drei Paar Espadrilles sind hoffnungslos zertreten. Die Kleidung hat sich gegenüber der Indienreise kaum verändert. Seine Erklärung in gebrochenem Deutsch: »Ich habe das Wetter in Island vergessen.« Er wußte eben nicht so recht, wo dieses Land liegt. Jetzt freut er sich auf Frankreich – endlich wieder »Steaks, Steaks, Steaks...«

52 Stunden dauert die Rückfahrt mit einem dreistündigen Zwischenstopp in Tórshavn auf den Färöern. Damit geht die

96

Fjord auf den Färöern

Meeresblick von den Färöern ▼

▲ In den Möðrudalsfjallgarðar

Hoch über dem Hafragilsfoss ▼

▲ Blubbernder Solfatar

In der Sprengisandur ▼

▲ »Wasserstraße« im Jökuldalur

Farbtupfer auf dem Landmannaleið ▼

▲ Gullfoss

Kap Dyrhólaey ▼

▲ Kapelle in Núpsstaður

»Eisfall« des Morsárjökull ▼

▲ Breiđamerkurjökull mit Gletschersee

Südküstenpanorama ▼

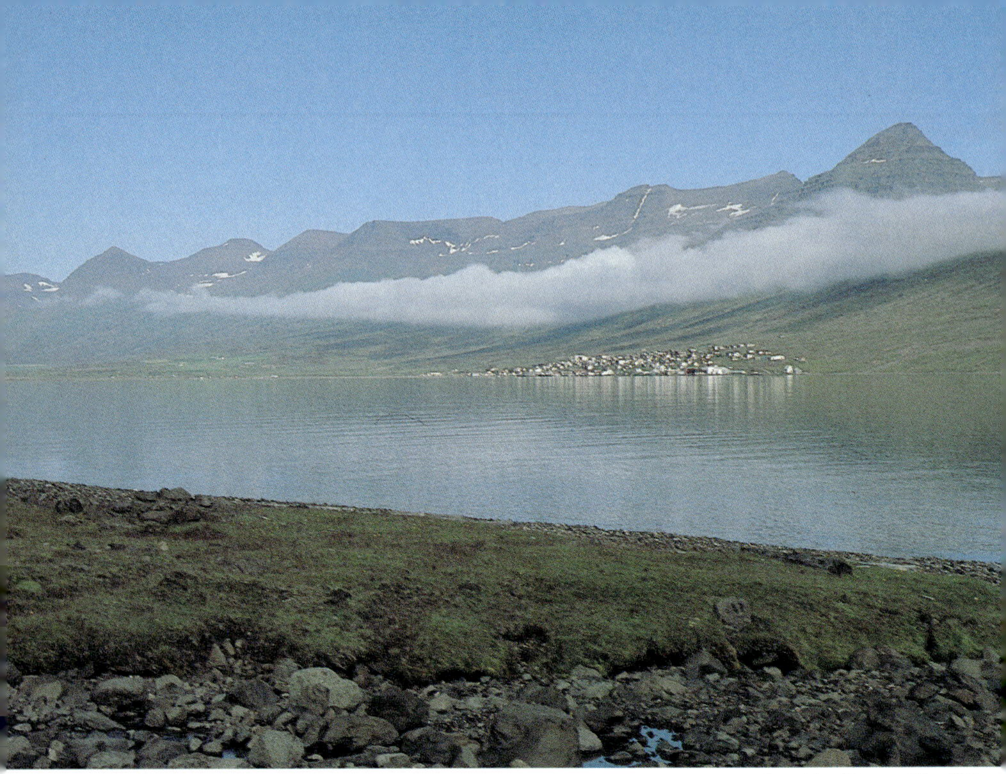

▲ Aufsteigender Seenebel über Búđir

Landflucht vom Fjord ▼

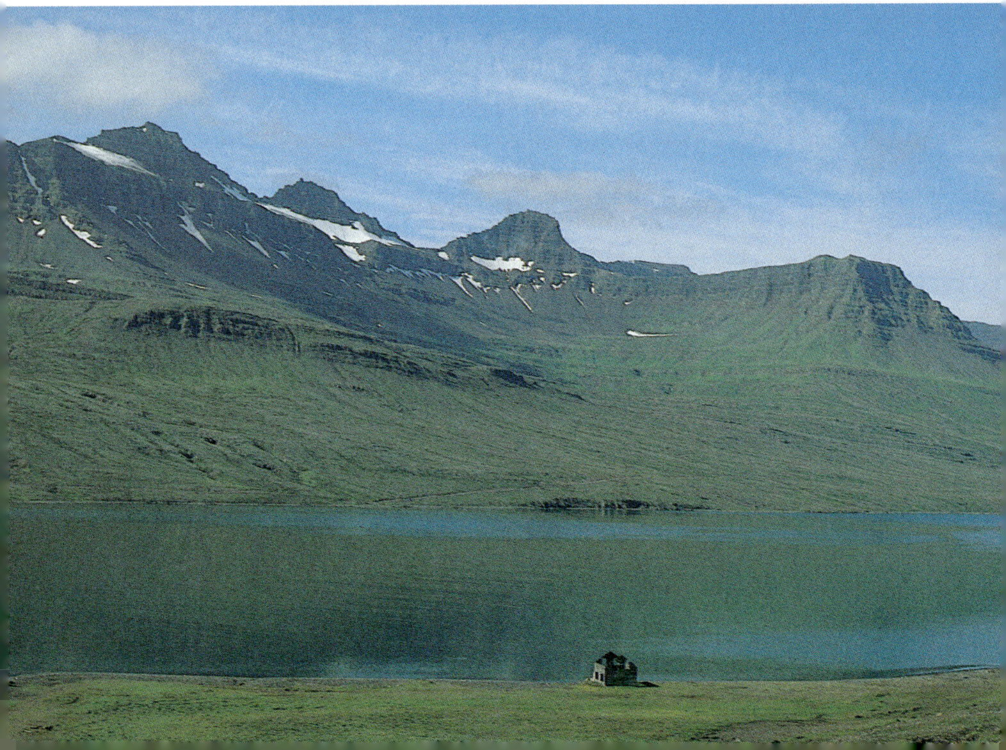

Reise für mich zu Ende, wie sie begann, mit einer geruhsamen, stimmungsvollen Zeit auf See. 43 Reisetage und 2017 gefahrene Kilometer sind die nüchterne Bilanz einer niemals nüchternen Reise. Soviel weiß ich sicher – ich werde wiederkommen...

Startklar

Ausrüstung

Ein paar Worte vorweg: In Seyðisfjörður, vor der Abfahrt der »Norröna«, traf ich einen urigen älteren Österreicher, an den ich mich schmunzelnd erinnere – grauer Filzhut mit Feder, alter Armeeparka, ein rotes Jugendfahrrad einfachster Kaufhausqualität, für seinen Sitzkomfort einen wuchtigen Mofa-Schwingsattel, auf dem Gepäckträger verzurrt eine alte Reisetasche und Plastiktüten, die Gangschaltung ersetzte der, wie er es nannte, »Schiebegang«. So war er zum dritten Male in Island unterwegs und hatte selbst die schwierigsten Routen bewältigt. Auf seiner total zerfledderten Karte zeigte er mir, daß er sogar die berüchtigte Route von der Askja nördlich des Vatnajökull zum Tungnafellsjökull geschafft hatte...

Will sagen: Die Wahl der persönlichen Ausrüstung muß immer nach ganz individuellen Gesichtspunkten erfolgen. Es gibt kein Patentrezept und nicht nur eine optimale Ausrüstung. Jeder eingefleischte Traveller weiß, wie trefflich sich über diese Dinge streiten läßt. Ich werde daher meine persönliche Ausrüstung vorstellen und dabei auf Vor- und Nachteile eingehen, die mir aufgefallen sind. Darüber hinaus werde ich nur allgemein auf Qualitätskriterien eingehen, ohne – hoffentlich – allzusehr in den Expertenstreit einzugreifen.

107

DAS FAHRRAD

Man kann natürlich prinzipiell mit jedem Rad nach Island fahren. Dabei stehen grob unterteilt drei Fahrradtypen zur Diskussion: normale Touren- und Sporträder, Rennräder oder eben Mountainbikes.

Beginnen wir mit den ungeeignetsten Rädern, den **Rennrädern.** Wie gut sich Rennräder auch auf heimischen Touren oder Urlaubsfahrten bewährt haben mögen, sie sind für Island selbst mit vollständiger Tourenausrüstung ungeeignet. Schwachpunkt Nr. 1 sind die schmalen Reifen.

Aus den Erfahrungen etlicher Islandradler – nicht zuletzt des pannengebeutelten Holländers – kann ich dieses Fazit ziehen. Zum einen sind die schmalen Hochdruckreifen mit ihrem minimalen Profil gänzlich ungeeignet, um mit ihnen in schwierigem Gelände sicher und griffig vorwärtszukommen. Man denke nur einmal an sandige Passagen. Zum anderen setzen die scharfkantigen und groben Straßenbeläge den Reifen derart zu, daß die Fahrt schnell zum Bangen von Panne zu Panne wird. Ich habe keinen einzigen glücklichen Rennradfahrer in Island getroffen...

Weitaus besser wird man mit einem einfachen **Sportrad** mit normal breiten Reifen zurechtkommen. Zwar ist auch hier ein guter Vorrat an Flickzeug angesagt, aber immerhin macht so ein Reifen doch recht viel mit. Einfache Sporträder haben zwar meist nur 5-Gang-Ketten- oder 3-Gang-Nabenschaltungen. Wenn man sich jedoch gelegentlich auf den altbewährten »Schiebegang« einstellt, wird auch das kein Problem sein. Ich meine, daß man mit einem einigermaßen vernünftigen Sportrad durchaus nach Island reisen kann.

Das optimale Rad, hier will ich doch einmal eine klare Wertung abgeben, ist sicherlich das **Mountainbike.** Dieser Fahrradtyp kommt – man ahnt es schon – ursprünglich aus den USA und wurde hier schnell zu einem Schlager. Immer mehr

Mountainbike

Firmen steigen in den Mountainbike-Markt ein, und immer mehr von diesen Geländerädern sieht man auf den Straßen. Anhand des von mir benutzten Mountainbikes seien hier die Besonderheiten eines solchen Rades erläutert:

Rahmen. Standard ist der klassische Diamantrahmen in verkleinerter Form aus speziellem, besonders stabilem Rohr. Ein Test der Technischen Hochschule Aachen, auf den ich im folgenden noch öfter zurückgreifen werde, bestätigte, daß bei sämtlichen getesteten Rädern aller Preisklassen (von ca. 700,– bis über 3000,– DM) keine Bruchgefahr besteht und die Rahmenfestigkeit deutlich über der von Rennrädern liegt. Allerdings ist dieser Vorteil mit einem höheren Gewicht verbunden.

Die Besonderheiten meines Rahmens liegen in dem nach hinten abfallenden Oberrohr, das auch kleineren Fahrern berührungsfreies Stehen ermöglicht, und in dem stärker nach hinten geneigten Sattelrohr; die veränderte Sitzposition verhindert den Schlupf des Hinterrades auf extrem steilen Strecken. Außerdem wächst durch die unterschiedliche Neigung von Sattel- und Lenkerrohr für große Fahrer der Abstand Sattel – Lenker »automatisch« mit. Details wie ein im Oberrohr verlegter hinterer Bremszug und Anlötösen für sämtliches Zubehör vervollständigen die Ausstattung. Ein Schnellspanner zum Verstellen der Sattelstütze erlaubt spontane Anpassung der Sitzposition an die Geländeverhältnisse.

Gabel. Da auch die Gabel bei praktisch allen Mountainbikes hält, was der Rahmen verspricht, bedürfte sie keiner besonderen Erwähnung, wenn sie nicht bei meinem Rad zusätzlich durch zwei vor der Gabel eingebaute, parallele Rohre stabilisiert würde. Die zwischen Steuerkopf und Gabelenden montierten Stabilisatoren sollen auch bei Gepäck auf der Vorderachse und brutalen Schlägen durch Schlaglöcher einen Gabelbruch vermeiden. Sie sind abschraubbar.

Lenker. Der breite Lenker sorgt für kraftvolles und sicheres Manövrieren auch bei langsamer Fahrt. Die Griffe sind bei vielen Mountainbikes immer wieder Grund zum Ärger. Hohe Ränder und harte Noppen stören bei längerer Fahrt empfindlich. Bei V-förmigem Lenkervorbau gibt es mittlerweile auch die Möglichkeit, die Bügel herkömmlicher Lenkertaschen mit Hilfe eines kleinen Adapters (»mooseneck«) zu befestigen.

Laufräder. Die Laufräder sind durchweg kleine 26-Zoll-Räder, mit denen sich wendiger fahren läßt. Breite Felgen und in meinem Fall superdicke 2,5-mm-Speichen (vierfach gekreuzt!) sorgen für die notwendige Robustheit. Bei den Reifen sind mittlerweile unterschiedliche Typen im Angebot. Für Island besonders geeignet sind gemäßigte Gelände/Straße-Kombinationen. Wasserdichte Lager sind auch nach vielen Furten für Wasser und Sand nicht anfällig.

»Arbeitsplatz« des Piloten

Schaltung. Die Schaltung ist das Kernstück und nicht selten auch Schwachpunkt des Rades. 15 bis 18 Gänge gehören zu der normalen Ausstattung. Ein Kettenblatt mit 32, 42 und 52 Zähnen sowie ein Sechsfach-Zahnkranz von 14 bis 34 Zähnen machen mein Rad zu einer echten Gemse. Der Bedienungskomfort der Schaltung mancher Mountainbikes ist offensichtlich noch sehr verbesserungsbedürftig. Wenn schon auf ebener Straße präzises Schalten schwierig ist, dann läßt sich im Gelände oft kaum noch etwas machen. Wer hier spart, spart mit Sicherheit am falschen Ende. Viele Schaltungen sind mit den Zähnezahl-Differenzen absolut überfordert. Geschaltet wird übrigens bei allen Rädern mit Daumenschaltern am Lenker. Auf diese Weise kann man schalten, ohne eine Hand vom Lenker zu nehmen.

Bremsen. Die Bremsen erweisen sich oftmals als lebenswichtig, wenn etwa bei einer rasanten Abfahrt plötzlich ein Hindernis auftaucht. Durchgesetzt hat sich der sogenannte Cantilever-Typ, eine verstärkte, robuste Felgenbremse, die über große, gut in der Hand liegende Spezialgriffe betätigt wird.

Aber auch bei diesen eigentlich voll zufriedenstellenden Bremsen muß man bei Regen Abstriche machen. Ich habe ihnen beinahe einen Sturz zu verdanken, als sie nach einer Furt naß und sandig waren und überhaupt nicht greifen wollten. Deshalb sollte man dann, wenn irgendmöglich, die Bremsklötze und Felgen wieder »freibremsen«.

Sonstiges. Es gibt noch eine ganze Menge anderer Dinge, die beim Kauf eines Rades oder bei der Ausrüstung für die große Tour kritisch begutachtet werden müssen. Der Sattel zum Beispiel: Man soll auf ihm auch nach stundenlangem Rütteln über Stock und Stein noch sitzen können. Asketische Rennsättel sind nicht zu empfehlen. Rennpedale mit Haken sind ungeeignet, da man in der Regel mit dicken Wanderstiefeln fahren wird. Kleine Zähne auf den Pedalen geben auch dickem Schuhwerk guten Halt.

Die Gepäckträger müssen das mitunter nicht gerade leichte Gepäck problemlos auch über knüppelharte Pisten tragen. Dabei ist es von Vorteil, das Gepäck vorn und hinten zu verteilen, etwa im Verhältnis $\frac{1}{3}$ und $\frac{2}{3}$. Sogenannte »Lowrider«, also Gepäckträger, die eine sehr tiefe Befestigung der Taschen ermöglichen, vermeiden auch bei viel Gepäck eine hohe Schwerpunktlage des Rades. Schutzbleche, eine funktionsfähige Lichtanlage (man wird bei Nebel und Regen sonst absolut nicht gesehen), Luftpumpe, Flaschenhalter, ein Ständer, der auch das vollbepackte Rad hält – all diese Dinge gehören zu einer kompletten Ausstattung.

Es ist ganz klar, daß ein derart ausgerüstetes Mountainbike mit dem Gewicht eines Rennrades nicht konkurrieren kann. Dafür hat man aber ein Gefährt unter sich, auf das man sich wirklich verlassen kann und mit dem man die erstaunlichsten Strecken meistert.

Hat man sich einmal solch ein Rad angeschafft, so wird man auf vielen anderen Reisen und nicht zuletzt im Winter seine

Vorteile zu schätzen wissen. Allerdings meine ich, daß ein Mountainbike kein Alltagsrad ist.

Falls die Anschaffung eines Mountainbikes ernsthaft zur Debatte steht, bietet der zitierte Test der TH Aachen eine gute Richtlinie. Er ist in Heft 12/1985 des Fahrradmagazins »tour« abgedruckt. Das von mir benutzte Mountainbike »Sherpa« von Technobull ging übrigens als Testsieger aus diesem Test hervor.

ERSATZTEILE UND REPARATURMATERIAL

Dieses Thema ist stets ein Wettstreit zweier Interessen, die sich gegenseitig ausschließen. Zum einen möchte man natürlich mit so wenig Ballast wie nötig über Berge und Pässe strampeln. Andererseits ist es ebenso naheliegend, für fast jede Panne gerüstet zu sein und damit quasi autark zu reisen. Es gilt also, bei jedem einzelnen Werkzeug und Ersatzteil genau abzuwägen, wie wahrscheinlich der Gebrauch in Island ist und ob sich die Mitnahme angesichts des Gewichtes lohnt.

Ein wichtiges Auswahlkriterium ist auch, ob die entsprechenden Ersatzteile in Island überhaupt erhältlich sind. Insbesondere Mountainbikefahrer müssen unter diesem Aspekt ein bis zwei Reifen und Schläuche als Ersatz mitnehmen. Auch Bremsklötze für Cantileverbremsen und die langen Bowdenzüge für Hinterradbremse und Schaltung dürften in Island schwer zu besorgen sein. Die Mitnahme von Speichen ist – nicht nur für Island – eine Selbstverständlichkeit. Ganze Zahnkränze und ähnlich schwere Dinge können zu Hause bei guten Freunden bleiben, so daß sie im Notfall per Luftpost geschickt werden können. Das dauert zwar meist eine gute Woche, aber es klappt, wie zu beweisen war.

Etwas besser steht es mit dem Werkzeug. Die Standard-Werkzeuge, ein kleiner Schraubenzieher, passende Inbus- und Maulschlüssel, Speichenspanner, Reifenheber und eventuell ein Zahnkranzabnehmer, gehören einfach ins Gepäck. Auch an Ersatz-Kettenglieder und einen Kettennietenentferner wäre zu denken. Bei einer Zange wird man sich schon schwerer entscheiden können. Da aber außer im Hochland auf den nächsten Kilometern meist ein Bauernhof liegt, kann man die gängigen Werkzeuge sicher auch dort bekommen. Im übrigen wirkt ein gutes Taschenmesser Wunder.

Als primitive, aber wirkungsvolle Flickmittel haben sich immer wieder Draht, Nylonseil, Gewebeband etc. erwiesen. Mit ein wenig Geschick kann man kaputte Teile so für den Rest der Tour wieder fit machen. Von Gummiflicken, -lösung und Schmirgelleinen mag ich kaum noch sprechen, und an das nicht zu kleine Ölfläschchen denkt auch jeder.

DIE FAHRRADTASCHEN

Wieder so ein Thema, bei dem es verschiedene Philosophien gibt. Packt man nun nur auf dem Hinterrad, wie es die Holländer lieben, oder verteilt man das Gepäck auf Vorder- und Hinterrad, wie auch ich es bevorzuge.

Ich meine, daß viel für letztere Methode spricht. Denn nur so ist es möglich, das Gewicht tief anzubringen, anstatt hinten »hochzustapeln«. Die Hinterachse und die gebeutelten Speichen werden ein wenig entlastet, außerdem kommt man meist schneller an bestimmte Dinge heran. Wenn das Gepäck nur auf dem Hinterrad liegt, kann beim kräftigen Treten an extremen Steigungen das Vorderrad leicht abheben. Die vernünftigste Lösung besteht aus ergonomischer Sicht in der Kombination mittelgroßer Hinterradtaschen mit kleineren Vorder-radtaschen am »Lowrider« und einer zusätzlichen Lenker-tasche.

Hat man sich nun einmal für eine Packweise entschieden, steht die Taschenwahl bevor. Hierfür gibt es einige allgemeine Kriterien: Die Taschen sollten auch ohne den Titel eines Diplomingenieurs schnell und problemlos, möglichst einzeln zu montieren sein. Der Stoff sollte regendicht sein. Die Nähte können nachträglich abgedichtet werden, aber auch dann ist Mißtrauen geboten, und das Gepäck wird mit einer zusätzlichen Plastiktüte geschützt. Großzügige Klappen, Innenbalg, Außentaschen, abgedeckte Reißverschlüsse und Reflexions-streifen zeichnen gute Taschen aus. Daß die Taschen bei annehmbarem Gewicht außerordentlich robust sein müssen, ist klar. Eine an der radzugewandten Seite eingebaute Kunst-stoff- oder Aluplatte verhindert, daß sperrige Gegenstände durch die Taschen hindurch in die Speichen geraten und dort Ärger machen. Die Hinterradtaschen müssen so befestigt werden können, daß man beim Treten nicht dauernd mit den Hacken hängenbleibt. Nach vorne hin abgeschrägte Modelle haben sich bewährt.

Für den Lenker gibt es spezielle Lenker- und Foto-Lenker-taschen, die jedoch nicht ohne weiteres an Mountainbikes montiert werden können (Adapter). Sehr nützlich ist ein Klarsicht-Kartenfach auf der Lenkertasche. Die sonst übli-chen Kartenhalter weht's allzuschnell davon.

Eine auf den ersten Blick unsinnige Packweise ist die Kom-bination von Hinterradtaschen und großem Rucksack. Zwar ist das Fahren mit dem Rucksack gewöhnungsbedürftig, dafür kann man aber auch mal ein paar Tage sein Rad abstellen und mit dem Rucksack richtig wandern. Gerade für Island ist diese Variante in Erwägung zu ziehen.

DAS ZELT

Wohl dem, der bei Windstärke 8 und Schauerböen trocken und warm in seinem Zelt liegen kann und sich vor nichts anderem fürchtet als der isländischen Saga, die er gerade bei einem gemütlichen Tee liest.

Zugegeben, ich übertreibe mal wieder, aber soviel ist doch sicher: Das Zelt, in dem man drei herrliche Mittelmeer-Urlaube zugebracht hat, ist noch lange nicht für Island gut.

Die Anschaffung eines Zeltes ist keine Kleinigkeit. Sorgfältig müssen die eigenen Interessen sondiert, die Zelttypen (First-, Tunnel-, Kuppelzelt etc.) verglichen, Materialien angesehen und die Ausstattung getestet werden. Auch sollte man es nicht versäumen, sein Zelt schon vor dem Kauf im Laden einmal aufzubauen, probezuliegen und die Kopffreiheit zu sehen.

Wind und Regen darf das Zelt wirklich nicht krumm nehmen. Das bedeutet: genügend Abspannleinen und Häringe, stabiles Gestänge (und Bruchhülsen bei Kuppel- und Tunnelzelten), geringe Angriffsflächen, Überdach und geschlossene Bodenwanne aus wasserdichtem Material. Ziemlich viel, auf was man zu achten hat, sicher, aber die isländischen Bedingungen sind gnadenlos im Aufdecken von Mängeln.

Was den »Wohnkomfort« angeht, sind noch einige andere Dinge höchst wünschenswert. Dazu gehören gute Durchlüftung, die Kondenswasserbildung vermeidet, Moskitonetz und Gepäckapsiden, Innentaschen und atmungsaktives Innenzelt.

Eine weitere entscheidende Frage ist, ob man sein Zelt auch bei starkem Wind allein zügig aufbauen kann.

Da in Island das Zelten auf steinigem Grund oft nicht umgangen werden kann, ist es ratsam, den Zeltboden durch eine zusätzliche Plastikfolie zu schützen. Andernfalls ist irgendwann die Wasserdichtheit dahin.

SCHLAFSACK UND -UNTERLAGE

Wie man sich bettet, so liegt man. Doch das Wie, die Wahl des richtigen Schlafsacks ist eine Wissenschaft für sich.

In dem Prospekt eines Bremer Ausrüstungsladens liest sich das wie folgt: »Es gibt Gute und Schlechte. Dicke und Dünne. Leichte und Schwere. Große und Kleine. Schwitztüten, Urlaubsvermieser, Nichtschlafenlasser, Gefriertüten. Robuste und Empfindliche. Schöne und Häßliche. Knistertüten und Liebenswerte. Bunte und Einfarbige. Singles und Doppels. Kuschelschlafsäcke, Endlosschlafenlasser, Wolkenträumer, Zufriedenmacher...«

Treffender kann man das verwirrende Angebot kaum beschreiben. Zu Beginn der Kaufentscheidung steht immer die Entscheidung Daune oder Kunstfaser? Dazu sollte man sich überlegen, für welche Unternehmungen der Schlafsack gebraucht wird.

Eine **Kunstfaserfüllung** ist weniger feuchtigkeitsempfindlich und wärmt auch im nassen Zustand noch recht ordentlich. Dafür läßt sie sich schlechter komprimieren (größeres Packmaß bei gleichem Temperaturbereich) und ist schwerer. Außerdem altert die Kunstfaser schneller als die Daune.

Die **Daune** ist in puncto Isolation und Gewicht immer noch unerreicht. Nässe mag sie zwar nicht, aber sie übersteht auch das. Wen wundert's, daß auch das Schlafklima in einem Daunenschlafsack merklich besser ist als bei der Kunstfaser.

Zur Orientierung noch ein paar Tips, auf die man achten sollte:
- Daune ist nicht gleich Daune und Faser nicht gleich Faser, also immer nach dem Material und der Daune/Feder-Mischung fragen
- Mumienschlafsäcke haben sich durchgesetzt, sie haben bei gleichem Gewicht höhere Wärmeleistung als Deckenschlafsäcke

- auf die Konstruktion der Kammern achten, es gibt große Qualitätsunterschiede
- Zweiweg-Reißverschlüsse können bei zu großer Wärme am Fußende geöffnet werden, sie sollten innen und außen Schieber und einen Daunenwulst zur Vermeidung von Kältebrücken besitzen
- ein Thermokragen, der sich am Hals zuziehen läßt, wirkt Wunder
- Klettverschlüsse verhindern das unbeabsichtigte Öffnen des Reißverschlusses
- das Kopfteil sollte wie eine Kapuze am Kopf angezogen werden können
- vor dem Schlafsackkauf muß unbedingt probegelegen werden; Körperlänge, Fußfreiheit, Paßform und Hautfreundlichkeit des Materials kann man nicht im Katalog testen.

Zum Umgang mit dem Schlafsack gibt es einige Regeln, die man einhalten sollte:
- nach Möglichkeit tägliches Lüften nach dem Aufstehen
- gelegentliche Wäsche schadet nicht, wenn für Daunenschlafsäcke ein rückfettendes Daunenwaschmittel verwendet wird
- bei Nichtgebrauch wird der Schlafsack auf keinen Fall in seinem engen Packsack sich selbst überlassen, sondern an einem Bügel aufgehängt.

Der beste Schlafsack hält nicht warm, wenn er nicht auf einer **Isoliermatte** liegt. Klar, durch das Körpergewicht wird die Daunenfüllung plattgedrückt und verliert damit ihre angenehmen Eigenschaften. Daher muß von unten eine zusätzliche Isolierung her. Kunststoffmatten müssen aus wasserfestem (geschlossenporigem) Material bestehen, sonst schläft man allzuleicht auf einem Schwamm. Angesichts des erheblich größeren Gewichtes würde ich auf Luftmatratzen und auch selbstaufblasende Isoliermatten eher verzichten.

118

KLEIDUNG UND SCHUHWERK

Keine Angst, ich habe nicht vor, festzulegen, wieviel Paar Socken man mitzunehmen hat, und ob zwei oder drei Garnituren Unterwäsche angemessen sind. Das sind Dinge, bei denen jeder sein Maß finden muß.

Ich will lediglich auf einige Kleidungsstücke eingehen, die mir für Island wichtig erscheinen. Fangen wir außen an. Daß es empfindlich kalt werden kann, habe ich schon gesagt. Eine warme Wollmütze und Wollhandschuhe helfen gegen den auskühlenden Wind. Der Anorak sollte winddicht sein und einem Schauer standhalten. Am Hals macht sich ein kleiner Schal oder besser ein Tuch nicht schlecht. Die Mitnahme einer Daunenjacke ist nicht notwendig, sondern mehr ein angenehmer Luxus. Jeans oder Trekkinghosen sind eigentlich den langen Radfahrhosen vorzuziehen. Eine kurze Radfahrhose mit Sitzleder sollte man allerdings stets darunter tragen. Fingerlose Radfahrhandschuhe mit dicken Polstern schonen die Hände ein wenig. Ein dicker, warmer Pullover ist Teil der Grundausstattung, dazu eventuell für wärmeres Wetter noch ein dünnerer. Flanellhemden und T-Shirts haben sich bei mir als praktische Kleidungsstücke durchgesetzt, dazu eine lange Unterhose für kalte Tage. Wer häufiger wandern möchte, trage ein Paar dicke Wandersocken und darunter dünne Sokken zum Wechseln, das hilft, Blasen vorzubeugen.

Bleibt noch das große Problem der Regenkleidung. Soviel ist sicher, den absoluten Regenschutz, der von außen Wasser abhält und den Schweiß komplett nach außen abführt, gibt es nicht.

Regencapes, die sich für Wanderer sehr gut bewährt haben, machen den Radler zu einem einzigen Segel. Der stete Wind hat leichtes Spiel und macht bisweilen das Fahren unmöglich. Da bleiben also nur Regenanzüge. Heute bekommt man schon für unter 100 DM vernünftige Anzüge, die dank abgeklebter Nähte wirklich wasserdicht sind. Doppelter Reißverschluß, enge Ärmelbündchen und hoch am Hals abschließende Kapuze verhindern das Eindringen von Regen. Aber selbst die am Rücken und unter den Achseln belüfteten Ausführungen haben keine Chance, die gewaltigen Wasserdampfmengen, die ein schuftender Radler von sich gibt, abzuführen.

Im Moment scheint das neue Material »Goretex« der Stein der Weisen zu sein. Aber auch dieses kapituliert bei starker Belastung angesichts der Feuchtigkeit von innen. Regengamaschen sind eine notwendige Ergänzung der Anzüge, da sonst das ablaufende Wasser direkt in die Schuhe läuft.

Kurzum, Regen bedeutet wohl immer Naßwerden und unangenehmes Fahren. Wer sich von vornherein darauf einstellt, kann auch damit leben. Wo ich gerade beim kalten Naß bin: Für das heiße Naß ist natürlich Badezeug mitzunehmen, zumindest für die Schwimmbäder.

Zu den Schuhen: Für unterwegs und für Wanderungen nimmt man am besten dicke Wanderschuhe mit. Die schützen auch beim Radfahren gut die Füße, und man ist nicht so an die Pedale gebunden. Richtige Radfahrschuhe sind meist zu empfindlich und eignen sich nicht gut zum Gehen. Für die Furten sind – wie schon angesprochen – Plastiksandalen oder alte Turnschuhe mitzunehmen. Als drittes Paar sind einfache Halbschuhe oder Turnschuhe vorteilhaft, da man am Zelt oder in der Stadt gern mal die Schuhe wechselt. Außerdem müssen die dicken Treter wegen des Fußklimas regelmäßig auslüften.

KOCHER

Es scheint einfach in Sachen Ausrüstung kein Thema zu geben, das einem die Entscheidung leicht macht. Auch bei den Kochern werden sehr unterschiedliche Typen angeboten, die ich hier nur kurz anreißen will:

Esbitkocher haben eine geringe Brennleistung, der Brennstoff darf auf keinen Fall naß werden und ist nicht überall erhältlich. Ich rate von diesen Brennern ab.

Spirituskocher brennen eigentlich recht sauber und ordentlich, die Konstruktion ist simpel, bei Temperaturen unter dem Gefrierpunkt muß vorgewärmt werden. Die Sache hat in Island allerdings einen Haken, da Spiritus nur zu astronomischen Preisen in Apotheken erhältlich ist. Das Kochen mit Spiritus wird damit zu einer teuren Angelegenheit.

Gaskartuschenkocher sind zwar nicht immer das Wahre, haben sich aber in Island gut bewährt. Sie sind nicht hochgebirgstauglich und brennen nicht unter dem Gefrierpunkt, da Butan erst bei knapp 0 °C siedet. Diese Bedingungen wird man bei einer sommerlichen Islandtour jedoch immer vermeiden können. Außerdem gibt es die Kartuschen der Firma »Camping Gaz« überall bei Tankstellen und in Supermärkten zu kaufen. Die Kartuschen dürfen übrigens nicht im Flugzeug mitgenommen werden!

Benzinkocher sind zwar in der Handhabung nicht immer ohne Tücken, dafür bekommt man den Brennstoff »all around the world«. Hochgebirge und Minustemperaturen sind für sie kein Gegner.

DIVERSES

Man staunt, welche Unmenge von Kleinigkeiten und Investitionen sich hinter dieser unschuldigen Überschrift verbergen kann. Da man eigentlich bei jeder Kleinigkeit wieder einen Kompromiß zwischen dem eigenen Geldbeutel, dem Gewicht und der Funktionalität finden muß, dauert es sicherlich Jahre, bis man seine persönliche Ausrüstung halbwegs komplett hat.

Da besonders bei diesen Dingen jeder seine eigenen Vorstellungen hat, möchte ich lediglich einige Stichworte geben, die auf meinen eigenen Erfahrungen basieren.

Zu einem reibungslos funktionierenden »Haushalt« gehören in der Regel: eine Trinkflasche, Kochgeschirr, Besteck, Becher oder besser Berghaferl, eventuell ein Wasserkessel, Plastikbehälter für Lebensmittel, Squeeze-Tuben für Honig und Marmelade, Brettchen, Wassersack und Gewürz-Set.

Ein gutes Taschenmesser läßt sich immer gebrauchen, dafür darf man die Taschenlampe getrost zu Hause lassen. Weitere nützliche Dinge sind (wasserdichter) Brustbeutel, wasserdichte Packsäcke, Mückenschutzmittel und Bio-Seife, Erste-Hilfe-Set und kleine Reiseapotheke, »Kultur«beutel (sind saubere Ohren auch Kultur?), Alu-Rettungsdecke etc.

Wenn man diesen Ausrüstungsberg so vor Augen hat, kann einem ganz schwindelig werden bei dem Gedanken, daß das alles mühsam bergauf gekurbelt sein will. Am besten ist es, vor der Reise alles, aber auch alles, auf einen Haufen zu legen und nach dem ersten Schock mit dem Aussortieren anzufangen. Brauche ich das Taschenfernglas wirklich, ist das Super-Teleobjektiv so wichtig, komme ich nicht auch mit zwei T-Shirts über die Runden? So oder ähnlich wird sich der Berg zumindest ein wenig verkleinern, und am Ende ist man stolz, wieder mit etwas weniger Bagage ausgekommen zu sein...

Vom Radfahren in Island

DIE STRASSEN

Das Straßensystem Islands ist eigentlich recht übersichtlich klassifiziert. Da gibt es zuallererst die wichtigste aller Straßen, die Hringvegur oder »Ringstraße«. Sie trägt die Nummer 1 und umrundet Island, ohne den wenig erschlossenen Nordwesten zu erreichen.

Im Gegensatz zu dieser überregionalen Straße sind sämtliche anderen Straßen acht Regionen zugeordnet. Diese Regionen sind von 2 bis 9 durchnumeriert (siehe Karte hintere Umschlagklappe). Alle numerierten Straßen beginnen mit der Ziffer der entsprechenden Region. Die Nummer 1 ist damit lediglich der Ringstraße vorbehalten.

Straßen mit zweistelligen Nummern sind Hauptstraßen, solche mit drei Ziffern gelten als Nebenstraßen. Besitzen Straßen, wie zum Beispiel einfache »Jeep tracks«, keine Nummern, so hat man sich auf schlechten Zustand, fehlende Infrastruktur usw. einzustellen. Das heißt allerdings nicht, daß man nicht auch bei Haupt- und Nebenstraßen auf üblen Zustand treffen kann.

Eine besondere Stellung nehmen die Hochlandpisten ein. Sie sind vor einer zweistelligen Nummer stets durch ein F gekennzeichnet. Bezüglich der Befahrbarkeit gelten bei ihnen sehr unterschiedliche, im einzelnen genau in Erfahrung zu bringende Bedingungen. Der isländische Automobil-Club kann hier weiterhelfen (siehe Adressenteil Island).

Auf der Hringvegur Richtung Mývatn

Über den Straßenzustand läßt sich beim besten Willen keine allgemeingültige Aussage machen. Es gibt auf der Ringstraße sowohl in zunehmendem Maße asphaltierte Strecken in der Nähe von Städten und größeren Orten als auch äußerst schlechte Abschnitte. In besonders rauhem Zustand habe ich die Ringstraße im Nordosten kennengelernt. Überdurchschnittlich gut war sie im Südwesten, dem am dichtesten besiedelten, landwirtschaftlich am intensivsten genutzten Raum.

Die nicht asphaltierten Strecken, und das ist immer noch der Löwenanteil, bestehen aus Schotter, der fein bis sehr grob sein kann. Trotz regelmäßiger Pflege der wichtigen Straßen sind immer wieder Schäden und total ausgefahrene Bereiche anzutreffen. Generelle Vorsicht ist an Steigungen, Gefällen, in engen Kurven, vor Brücken, Schafsrosten geboten und immer dort, wo Wasser über die Piste rinnt. Auf der Fahrbahn liegendes Geröll oder gewaltige Schlaglöcher sind zwar für

124

Radler keine Hindernisse, können aber bei Unachtsamkeit leicht Anlaß zu Stürzen geben. Man lasse daher den Blick nicht allzulang umherschweifen.

Die Hochlandpisten sind ein ganz anderes Paar Schuhe. Sie sind eigentlich durchweg nur für allradgetriebene Fahrzeuge geeignet. Das hat auch für den Radfahrer Konsequenzen. So fehlen Brücken fast gänzlich, und auch die Pisten sind oftmals in einem grausigen Zustand: feiner, scharfer Kies, grober, loser Schotter, zermürbende Blocklava, lockerer Mullsand, in den man sich regelrecht einwühlt – die Liste ließe sich lange fortführen. Hinzu kommt, daß nach längeren Regenfällen manche Strecke zur Schlammwüste wird.

Alle Hochlandpisten sind nur in den Sommermonaten befahrbar und werden zu recht unterschiedlichen, witterungsabhängigen Zeitpunkten für den Verkehr geöffnet. Die Sprengisandur-Route (F 28 und F 32) war 1984 beispielsweise Anfang Juli freigegeben worden. Der Fjallabaksleið Nyðri (F 22) ist dagegen auf der Strecke Landmannalaugar – Eldgjá wegen Schneefeldern oft bis Mitte Juli geschlossen. Im Hochland

– ohne Worte –

muß andererseits im September schon mit ersten Schneein-
brüchen gerechnet werden.

Ich habe bereits von der Eigenart der Isländer berichtet,
sorglos und mit einem Schuß Untertreibung von Gefahren zu
sprechen. Das gleiche gilt für Verkehrszeichen. Für uns, die
wir geradezu verwirrende Schilderwälder gewohnt sind, sehen
Islands Straßen eher kahl aus. Daher sollte man Verkehrszeichen immer ernst nehmen, selbst sie scheinen gelegentlich zu
untertreiben. Bei den Verkehrsregeln und -zeichen gibt es
ansonsten keine nennenswerten Abweichungen von den unsri-
gen.

Die folgende Liste soll beim Verständnis der Hinweise
hilfreich sein:

Akstur bannaður	– Einfahrt verboten
Blind Hæð	– unübersichtliche Straßenkuppe
Brú	– Brücke
Brött Brekka	– ausgefahrene Böschung
Einstefna	– Einbahnstraße
Farfuglaheimili	– Jugendherberge
Hætta	– Vorsicht!
lokað	– gesperrt
Sæluhús	– Schutzhütte
Tjaldsvæði	– Zeltplatz
Tjaldstæði bönnuð	– Zelten verboten
Vað	– Furt
Vegamót	– Kreuzung

Wie bereits angesprochen, gibt es auf Islands Straßen noch
einige andere Probleme. Bei Trockenheit (auch die gibt es
gelegentlich in diesem Klima) ziehen Fahrzeuge meist eine
dichte Staubfahne hinter sich her, die das Atmen unangenehm
macht und immer wieder Sand in die Augen bringt. Ebenso
schleudern Entgegenkommende oft Unmengen kleiner Steine
um sich. Man tut daher gut, in solchen Situationen anzuhalten
und neben der Straße zu warten.

Übrigens: In einer dichten Staubfahne wird ein Radfahrer besonders schlecht gesehen. Also Vorsicht!

Wenn Mutterschaf und Lämmer auf verschiedenen Straßenseiten stehen, kann man sicher sein, daß die Lämmer im letzten Moment vor dem Rad die Straße überqueren. Ich habe mich so manches Mal insbesondere bei flotten Abfahrten erschrocken und so ein Lamm nur knapp verfehlt. Auch für Radfahrer gilt Schadenersatzpflicht, falls ein Tier getötet werden sollte.

DAS FURTEN

Das Furten ist nicht umsonst ein Kapitel für sich. Jeder, der sich auf unnumerierte Straßen, Fahrspuren und Hochlandpisten wagt, muß davon ausgehen, daß er mitunter vor unüberbrückten Flüssen steht und zum Furten gezwungen ist.

Furtstelle vom Schwierigkeitsgrad 1

Aufgrund meiner Erfahrungen möchte ich die Furten aus der Radfahrerperspektive in drei Gruppen unterteilen:

1. Kleine Bäche, nicht über 25 Zentimeter tief und mit einem festen Kiesbett, in das man kaum einsackt, sind die harmlosesten Hindernisse. Man sieht sich hier vom Ufer aus nach der besten Passage um und fährt schwungvoll im 1. Gang hindurch. Dem unvermeidlichen Wasserkontakt sollten die Schuhe Widerstand leisten können. Zur Not helfen auch Fahrradgamaschen oder Plastiktüten, die man sich mit Gummibändern blitzschnell um die Füße bindet.

2. Sei es nun, weil das Wasser zu tief oder der Grund zu weich ist – bei dieser Kategorie von Flüßchen hat man sich nicht zu einem Fahrversuch durchringen können. Wanderschuhe, Strümpfe und Hose müssen unweigerlich ausgezogen werden. Wer bei seiner Routenplanung Furten bewußt einbezogen hat, der sollte ein Paar Furtschuhe eingepackt haben. Das können Badesandalen aus Kunststoff sein, die fest am Fuß sitzen. Sie sind relativ leicht, und es gibt keine Probleme mit dem Trocknen. Anders ist es bei einem alten Paar Turnschuhe, die sich zwar auch gut zum Furten eignen, aber eben bei Schlechtwetter kaum trocken zu bekommen sind. Vom barfüßigen Furten kann ich aus eigener Erfahrung nur dringend abraten. Die Gefahr von Fußverletzungen ist einfach zu groß.

Da die Fahrradtaschen beim Schieben des Rades durch die Fluten natürlich nicht trocken bleiben, sollten sie auch bei angeblich wasserdichtem Material innen mit einer zusätzlichen Plastiktüte versehen sein. Es ist erstaunlich, wie kräftig der Wasserdruck Nässe durch das Gewebe preßt.

Bei starkem Wassersog sollte man das Fahrrad als Stütze nehmen. Es ist *unbedingt* auf der stromabwärts liegenden Seite zu führen und leicht stromaufwärts zu neigen. Die Gefahr, umgerissen zu werden ist dann geringer. Kritisch wird es erst, wenn das Rad von der Strömung weggezogen wird und den Fahrer mitzureißen droht.

3. Hier erlauben es Wassertiefe und Strömung nicht mehr, schiebend zu furten. Es sind sogar solche Furten, die man selbst ohne Gepäck nur mit Mühe meistern kann. Eine derartige Furt birgt große Gefahr und sollte wohlüberlegt angegangen werden.

Gegenüber dem Wanderer ist der Radler im Nachteil, da er sein Gepäck nicht praktisch auf dem Rücken tragen kann. Er wird mit vollen Händen die Balance halten müssen (siehe Aktion »Kalte Füße«). Bei solchen Furten darf man sich nicht scheuen, Auto- oder Busfahrer um einen »lift« zu bitten. Muß man es aber doch wagen, so sollte für diesen Fall bei mehreren Reisenden mit einer langen Reepschnur gesichert werden. Oberste Regel sind langsame, ruhige und kraftvoll tastende Schritte. Die Füße werden nur wenig vom Flußbett gehoben. Der Körper weist schräg flußaufwärts (wo auch gegebenenfalls der Sichernde steht). Das Rad wird geschultert.

Einige allgemeine Erfahrungswerte: Die von Autos benützte Furt ist für den Radler selten gut geeignet. Man wird in einigen hundert Metern um die Furtstelle meist eine günstigere Gelegenheit finden. Je breiter der Fluß, desto flacher ist er in der Regel. Mit Treibsand muß bisweilen gerechnet werden, besonders, wenn die Autospuren im Wasser sofort verschwunden sind. Man achte genau auf die Wasseroberfläche. Sie gibt ziemlich gut Aufschluß, ob unter ihr tiefe Löcher und Rinnen oder aber Felsblöcke verborgen sind. Läßt extremer Wasserstand bei Gletscherflüssen das Furten zu riskant oder gar unmöglich erscheinen, wird bis zum frühen Morgen gewartet. Viele führen dann weniger Wasser, außerdem ist es im Sommer auch zu dieser Nachtzeit hinreichend hell. Bei Regen- oder Schneefällen sind manche Flüsse zu unüberwindbaren Hindernissen angeschwollen, die selbst die großen, allradgetriebenen Busse nicht mehr furten können. Da hilft nur Warten auf besseres Wetter...

Abschließend möchte ich noch einmal nachdrücklich auf die Gefahren des Furtens hinweisen. Es ist einfach lebenswichtig, zu erkennen, wann ein Fluß nicht mehr zu furten ist. Falsches Heldentum ist hier fehl am Platze. Im Jahre 1984, in dem auch ich meine Reise unternahm, starben vier Touristen an verschiedenen Furten!!!

VORBEREITUNG UND TRAINING

Jeder Radenthusiast wird diesen Abschnitt sofort überschlagen. Entweder ist er auf dem Rad immer fit, oder er weiß genau, wie er sich schnell in Topform bringt.

Dennoch: allgemeine körperliche Fitneß, gute Kondition und Vertrautheit mit dem Rad sind wünschenswerte Bedingungen (auch wenn ich leider auf letztere verzichten mußte). Wer regelmäßig mehr oder weniger intensiv Sport treibt (nicht notwendigerweise Radsport), der wird einer solchen Tour gelassen entgegensehen. Andernfalls ist ein kleines Fitneß-Programm mit Laufen, Schwimmen und Radfahren sehr zu empfehlen.

Gewiß ist es auch ratsam, mit dem vollbepackten Rad, besonders mit dem Mountainbike, schon daheim ein paar »off road«-Tests zu unternehmen. Dann wird schnell klar, ob Packweise und Anbringung der Taschen günstig sind und wie man im Gelände überhaupt mit dem schweren Velo zurechtkommt. Insbesondere sollten sämtliche neuen Ausrüstungsteile schon zu Hause überprüft und ausprobiert werden, denn was hilft eine noch so kulante Garantie im isländischen Hochland?

Kleiner Naturführer

Man muß keineswegs Geologe sein, um zu begreifen, welche gewaltigen Vorgänge ständig in Island ablaufen. Es gibt wohl kein Land auf der Erde, das einen derart allgegenwärtigen und vielgesichtigen Vulkanismus bietet. Ich möchte daher mit diesem Kapitel die wichtigsten geologischen Besonderheiten Islands vorstellen und erläutern. Es wäre doch zu schade, wenn man den kleinen unscheinbaren Hügel am Straßenrand unbeachtet läßt, nur weil man nicht erkennen kann, daß er möglicherweise Zeuge eines hochinteressanten geologischen Vorganges ist.

ZAUBERWORT PLATTENTEKTONIK

Sie hat ihm zu Lebzeiten keinen Ruhm beschert, seine These von der »Kontinentalverschiebung«. Alfred Wegener, berühmter Geophysiker und Grönlandfahrer, hatte von der Ähnlichkeit der afrikanischen und amerikanischen Küstenlinien und wiederkehrenden Gesteinsmustern zu beiden Seiten des Atlantik darauf geschlossen, daß die Kontinente in Form riesiger Platten auseinanderdriften. War seine These in der damaligen Fachwelt ein totaler Flop und vom Hohn vieler Kollegen begleitet, so hat sie später die Geophysik revolutioniert und den Grundstein zur heutigen sogenannten Theorie der Plattentektonik gelegt.

131

Anders als Wegener, der nur von der Bewegung der Kontinente ausging, betrachtet die moderne Plattentektonik jedoch ein System von gewaltigen Schollen, zu dem die Kontinente wie die Meeresböden zählen. Den Mittelatlantischen Rücken, jenes beeindruckende Unterwassergebirge, das den Atlantik in Nord-Süd-Richtung durchzieht, interpretiert man als Bruchstelle zwischen zwei derartigen Schollen oder Platten, die sich voneinander entfernen. Wie bei einer riesigen Wunde tritt hier ständig Lava aus dem Erdinnern an den Meeresgrund und erstarrt zu einer Gebirgskette.

Island selbst ist ein Teil dieses Mittelatlantischen Rückens, der nirgends so weit aus dem Meer ragt wie hier. Besonders große Lavamengen traten und treten hier aus dem Erdmantel und haben Island entstehen lassen. Die Geologen sprechen von einer »Mantel-Plume«, die aus tiefen Erdschichten heiße Magmaströme nach oben befördert und unter der Erdkruste pilzförmig ausbreitet. So entstehen sogenannte »hot spots«, die besonders starke vulkanische Aktivität zeigen. Jeder, der die Wärme der Námaskarð durch seine Schuhsohlen hindurch gespürt hat, kennt dieses Phänomen im buchstäblichen Sinne.

Island, auf der Nahtstelle der Kontinente gelegen, wird also zerrissen. Die Entfernung Reykjavik – Seyðisfjörður wächst von Jahr zu Jahr um einige Zentimeter. Mitten durch Island läuft in Nord-Süd-, genauer in Nordost-Südwest-Richtung diese aktive Bruchzone. Sie ist gespickt mit erloschenen und aktiven Vulkanen. Entlang dieser Nahtlinie finden sich auch die meisten vulkanischen Erscheinungen – vom Mývatngebiet im Norden bis Surtsey im Süden.

VULKANISMUS

Die Statistik besagt, daß alle fünf Jahre ein Vulkanausbruch in Island stattfindet. Wer nun aber glaubt, daß sich diese Vulkane wie ein Ei dem anderen gleichen, der liegt vollkommen falsch. Jeder Ausbruch hat seine eigene Dynamik und entwikkelt eine regelrecht individuelle Note.

Trotz dieser Vielfalt ist es den Geologen gelungen, die Vulkane nach der Art des Ausbruches, der geförderten Lava und vor allem nach ihrem Aussehen verschiedenen Typen zuzuordnen. Hier nun ein kleiner Abriß der in Island anzutreffenden Vertreter:

Da gibt es beispielsweise die **Schildvulkane,** breite, flache Kegel, die üppige Ausmaße erreichen und dem weniger aufmerksamen Beobachter leicht entgehen können. Sie sind in den letzten 2000 Jahren nicht mehr in Island entstanden. Sehr ähnliche Typen gibt es jedoch in gewaltiger Größe auf Hawaii. Man nimmt heute an, daß sie durch langandauernde, ruhige Ausbrüche dünnflüssiger Lava entstehen. Ein schönes Beispiel ist der Skjaldbreiður, den man von Thingvellir in nordöstlicher Richtung sehen kann. Er gab dieser Vulkanart den Namen, heißt er doch übersetzt etwa »breites Schild«.

Selten außerhalb Islands zu finden sind die eindrucksvoll geformten **Lavaringe,** in Island nach ihrem typischen Vertreter **Eldborg** (»Feuerberg«) genannt. In ihnen hat während des Ausbruches ein regelrechter dünnflüssiger Lavasee gekocht. Heute stehen nur ringförmige Gebilde, gleich einer riesigen Schüssel, in der Landschaft.

Häufig anzutreffen sind die **Schlackenkrater.** Ihre Entstehung läßt sich durch recht muntere Ausbrüche erklären. Emporschießende Lavafontänen gingen rund um die Ausbruchstelle nieder und formten einen Ring aus losen oder versinterten Schlacken. Oft sind diese Ringe durch den Abfluß der eingeschlossenen Lava an einer Seite aufgebrochen und stellen sich dem Betrachter wie ein einladendes Amphitheater dar. Die Krater entstehen oft bei Spalteneruptionen und bilden dann nicht selten wie Perlen auf einer Schnur mehrere Kilometer lange, aus Dutzenden von Kratern bestehende Reihen. Besonders berühmt-berüchtigt ist die Lakispalte. Auch vom Hverfjall am Mývatn bietet sich ein schöner Blick auf die Kraterreihe der Threngslaborgir und Lúdentsborgir in südwestlicher Richtung.

Apropos Hverfjall, mit ihm haben wir einen weiteren imposanten Vulkantyp zu besprechen. Er gehört nämlich in die Gruppe der **Ringwall-Vulkane,** die von den Geologen auf eine (zungenbrecherische) phreatomagmatische Eruption zurückgeführt werden. Schon in einem frühen Stadium bekommen die Ausbruchskanäle, auch als Schlote bezeichnet, Kontakt mit Wasser und werfen in Dampfexplosionen ungeheure Tuffmassen aus. Liegen die Krater schließlich tiefer als der Grundwasserspiegel, so füllen sie sich mit einem See. Man erhält ein **Maar,** wie es in der Eifel in klassischer Form vorzufinden ist. Sprach ich zuvor bei den Schlackenkratern von der Ähnlichkeit mit Amphitheatern, so ist das Hverfjall nur mit den riesigen amerikanischen Football-Arenen, den »Super-Bowls«, zu vergleichen.

Zu den wichtigen Spezies gehören auch die **Zentralvulkane.** Sie sind meist viele tausend Jahre aktiv, mit längeren Schaffenspausen versteht sich. Ihre Ausbrüche zählen zu den brisantesten Erscheinungen. Man unterteilt sie wieder in **Stratovulkane** und **Calderavulkane.**

Die ersteren sind meist vielschichtige Berge, deren größter unter dem Öræfajökull mit über 2000 Metern die höchste Erhebung Islands darstellt. Auch der Snæfellsjökull, durch den Jules Verne seine »Reise zum Mittelpunkt der Erde« beginnen ließ, oder die Hekla werden unter diesem Titel geführt.

Die **Calderavulkane,** zu denen man die Askja oder die Grimsvötn zählt, fallen durch ihre Einsturzcaldera auf. Es ist

134

dies eine eingestürzte Platte, oft von mehreren Quadratkilometern Ausdehnung, die durch Hohlräume und entleerte Lavakammern während oder nach der Eruption entstand. Der Öskjuvatn in der Askja füllt heute eine besonders große Caldera und ist damit zugleich Islands tiefster See.

So weit, so gut, wird mancher Leser vielleicht sagen, aber wo bleibt bei all diesen unterschiedlichen Arten im »botanischen Garten« der Vulkanologen die Königin der isländischen Berge, ihre Hoheit Herðubreið?

Dieser Vulkan ist der Zeuge eines subglazialen Ausbruches, eines Ausbruches also, der unter dem Eis eines Gletschers stattgefunden hat. Seinen Verlauf erklärt man sich auf folgende Weise: Die zuerst geförderte Lava führt zum teilweisen Schmelzen des Eises. Unter dem hohen Druck von darüberstehendem Wasser und Eis kann die Lava jedoch nicht wie üblich entgasen und poröse Schlacken bilden, sondern klumpt zu »pillows«, zu Kissen zusammen. Erst wenn mit zunehmender Höhe des Schlotes der Druck geringer und die Gletscherdecke durchstoßen wird, kommt es zu einem Aschen- und Lavaausbruch mit hohen Ausbruchswolken. Über der Ascheschicht kann es schließlich zum Fließen von dünnflüssiger Lava kommen. Verschwindet später der eiszeitliche Gletscher, bleibt ein **Tafelvulkan** zurück. Bei Herðubreið hat man das Gefühl, einem lockeren Tuffhaufen sei ein Deckel aus fester Lava aufgesetzt und halte das Ganze notdürftig zusammen.

Ihrer Form nach zwar ganz klar den Kratern zuzuordnen, sind jedoch die **Pseudokrater** keine echten vulkanischen Ausbruchprodukte. Diese Miniaturkrater entstehen, wenn dünnflüssige Lava Moorgebiete überflutet und das unter sich eingeschlossene Wasser verdampft. Wird der Druck zu groß, platzt die Lavadecke in einer »kleinen« Explosion auf – es entstehen Krater, die jedoch nie Verbindung zu Magmaherden im Erdinnern besaßen. In Skútustaðir am Südufer des Mývatn kann man sie in großer Zahl sehen.

Basaltlavaschichten an den Jökulsá á Fjöllum

Genau wie die Vulkane sind auch die Laven kein Einheits-
gestein. Die zumeist basaltischen Laven erstarren in dünnflüssiger Form als **Fladenlava** (Helluhraun), die in der Tat ver-
blüffende Ähnlichkeit mit einem ordentlichen Kuhfladen hat.
Ist die Lava zähflüssiger und gasreicher, so entsteht **Schlak-
kenlava** (Apalhraun), die sich oft zu wilden, unpassierbaren
Lavabrocken auftürmt. Enthält die Lava überhaupt kein Gas,
so erstarrt sie unter bestimmten Bedingungen glasartig, es
entsteht der äußerst seltene **Obsidian.** Asche und Bimsstein,
ein auf Wasser schwimmender erstarrter Lavaschaum, gehören zu den typischen Lockerprodukten, die bei einem Ausbruch oft in riesigen Mengen entstehen.

Da Island seine Existenz dem Vulkanismus verdankt, findet
man überall kleine und große Krater. Dabei sind nicht nur die
namhaften, tausende Male fotografierten Prachtexemplare
sehenswert, sondern auch die ungezählten namenlosen irgendwo im Niemandsland.

136

Fladen- oder Stricklava

HEISSE QUELLEN UND GEYSIRE

Heiße Quellen in Island sind wie das Salz in der Suppe. Sie runden das Bild dieser grandiosen, wilden Landschaft ab und bieten ein einmaliges Badeerlebnis.

Überall in Island versickern Unmengen Regenwasser im porösen und zerrissenen Gestein. Dieses Wasser dringt mehrere Kilometer tief ein und kann dort erstaunliche Strecken zurücklegen. Steigt bei uns die Temperatur in der Erde nach einer Faustregel um 3 Grad pro hundert Meter an, so können es in Island über 30 Grad sein. Das eingedrungene Wasser wird demzufolge in der Tiefe stark erhitzt und steigt wieder auf. So kann es an anderer Stelle in Form heißer Quellen

137

austreten. Die Art und Weise dieses Austretens kann man auch als Laie sehr schnell zwei verschiedenen Gruppen zuordnen: den Tieftemperatur- und den Hochtemperaturgebieten. Von den **Tieftemperaturgebieten** kennt man weit über 200 Vorkommen in Island. Sie sind meist wenig spektakulär – ruhig quillt heißes Wasser (bis 100°C) aus Spalten und bildet Sintergestein. Solche Quellen sind schon seit Jahrhunderten genutzt worden. Heute heizen sie Schwimmbäder, Gewächshäuser und ganze Ortschaften. Auch zur Erzeugung von Strom findet heißes Wasser Verwendung. Reykjavik, die »rauchlose Stadt«, wird mit dem heißen Wasser aus verschiedenen Bohrungen rund um die Stadt versorgt.

Wer einmal im dampfenden Wasser einer heißen Quelle gesessen hat – womöglich noch bei waagerecht treibendem Regen – der wird verstehen, wie die isländische Angewohnheit, in heißen Quellen zu sitzen und die Neuigkeiten des Tages auszutauschen, entstanden ist.

Hierzu zwei kleine Tips: Busfahrer wissen oft, bei welchem Bauernhof ein kleines Schwimmbad, dessen Dimensionen oft diesen Namen nicht verdienen, umsonst oder gegen ein paar Kronen benutzt werden kann. Wegen der gelegentlich im Wasser vorhandenen geringen Mengen des erbärmlich stinkenden Schwefelwasserstoffs oder anderer Verbindungen können Gegenstände aus Silber geschwärzt werden. Ringe und Ketten sollte man daher vorsichtshalber ablegen.

Wahrhaftig nicht zum Baden, sondern eher zu einem Flug mit der »Zeitmaschine« um Jahrmillionen in die Vergangenheit laden die **Hochtemperaturgebiete** ein. Die Námaskarð am Mývatn ist ein schönes Beispiel. Das im Gestein aufsteigende Wasser ist sehr heiß und kommt schon in der Tiefe zum Sieden. Der Dampf zischt entweder wie aus Schornsteinen aus dem Boden (Fumarole), wo er gelbe Schwefelblüten hinterläßt, oder er erhitzt das Grundwasser. Dort kommt es dann zu den wohlbekannten Schlammlöchern, in denen es grau und dickflüssig blubbert. Das entfachte Farbenspiel ist, ob grau,

Fumarole in Nahaufnahme

Kochender Schlammpfuhl in der Námaskarð

rot oder gelb, auf Eisenverbindungen zurückzuführen, die durch Zerkochen des Bodens freigesetzt werden.

Die isländischen Ärzte in den besagten Gebieten sind zwar im Kurieren von Verbrühungen der Füße und Beine recht geübt, dennoch sollte man beim Staunen in dieser Urzeit- (oder Endzeit-?)Landschaft vorsichtig sein und nie auf helle Bodenkrusten treten. Eh' man sich versieht, steckt man bis zum Knie in der »Teufelsküche«...

Wenn man über die heißen Quellen Islands spricht, kann man unmöglich die **Geysire** auslassen. Sie sind eng mit dem Namen des deutschen Chemikers Robert Bunsen verbunden. Bunsen, uns eher durch ein Nebenprodukt seiner vielseitigen naturwissenschaftlichen Arbeiten, den »Bunsenbrenner«, bekannt, führte eigens zur Klärung dieses Phänomens der »springenden Quellen« eine Reise nach Island durch. Lassen wir ihn selbst berichten:

»[...] Ist dagegen die durch den Incrustationsprozeß gebildete Geisirröhre hinlänglich weit, um von der Oberfläche aus eine erhebliche Abkühlung des Wassers zu gestatten, und tritt der weit über 100°C erhitzte Quellenstrang nur langsam in den Boden der weiten Röhre, so finden sich in diesen einfachen Umständen alle Erfordernisse vereinigt, um die Quelle zu einem Geisir zu machen, der periodisch durch plötzlich entwickelte Dampfkraft zum Ausbruch kommt und unmittelbar darauf wieder zu einer längeren Ruhe zurückkehrt.
[...] so läßt sich andererseits durch eine einfache Rechnung nachweisen, daß die bei diesem plötzlich eintretenden Verdampfungsprozeß entwickelte mechanische Kraft mehr als hinreichend erscheint, um die ungeheure Wassermasse des Geisirs bis zu der erstaunenswerthen Höhe emporzuschleudern, welche diesen schönen Eruptionsphänomenen einen so großartigen Charakter verleiht [...]«
aus: Poggendorfs Annalen der Physik und Chemie
Band LXXII, Leipzig 1847

Zwar bedarf Bunsens berühmte »Geisirhypothese« heute einiger Ergänzungen und Korrekturen. Dennoch ist sie noch immer ein Beispiel akribischer Feldarbeiten berühmter For-

Strokkur in Aktion

scher des letzten Jahrhunderts, die ihre Auswirkungen bis in
die heutigen Erkenntnisse forttrugen.

Der von Bunsen untersuchte Große Geysir ist heute praktisch tot – nur äußerst selten steigt er noch spontan. Einige
Schritte entfernt springt der Strokkur um so regelmäßiger.
Außer in Island gibt es auf der Welt nur wenige Regionen, in
denen dieses eigenwillige Schauspiel zu beobachten ist.

FLÜSSE UND WASSERFÄLLE

Ich würde in diesem Kapitel nicht auf die drei unterschiedlichen Flußtypen, die man in Island kennt, eingehen, wenn
nicht gerade diese Kenntnis unter Umständen die Überwin-
dung einer Furt erheblich erleichtern könnte. Je nach ihrem

Ursprung nämlich unterteilt man in der Literatur in Quell-, Abfluß- und Gletscherflüsse. Diese Einteilung hat für das Furten gewisse Konsequenzen.

Das in Island nicht gerade kärglich fallende Naß versickert vielerorts in den porösen Lavaschichten und wird erst von tieferliegenden wasserdichten Schichten aufgehalten. Dort fließt es dann in horizontaler Richtung ab. Irgendwo am Abbruch einer Lavaschicht tritt es wieder zu Tage und bildet einen **Quellfluß**. Auch die Abflüsse von Seen gehören in diese Kategorie. Ihr Wasser ist fast immer klar und ihre Wasserführung jahreszeitlich recht konstant. Auch momentane Wettereinflüsse wirken sich nicht gravierend aus. Beim Furten eines solchen Flusses hat es also keinen Sinn, bis zum frühen Morgen zu warten, in der Hoffnung, dann einen niedrigeren Wasserstand vorzufinden. Da diese Flüsse oft ruhig und tief dahinströmen, ist das Furten ohnehin vielfach nicht möglich.

Die **Abflußflüsse** verraten durch ihren Namen ihren Charakter. Sie entstehen aus Hunderten von kleinen Rinnsalen

Die beiden Fallstufen des Gullfoss

und Bächen und schwellen bei Regen gewaltig an. Nach einigen Tagen Trockenheit hat man mitunter Probleme, sie ausfindig zu machen. Ihr jahreszeitliches Hoch haben sie zur Hauptschneeschmelze im Mai und zum Herbstregen im September. Bei diesen Flüssen hilft oft nur Warten auf besseres Wetter.

Die **Gletscherflüsse** sind es zumeist, die das Furten zum »trouble spot« Nummer eins machen. Sie sind dann am wildesten, wenn der Gletscher in der Abschmelzphase ist – und das ist bekanntlich der Sommer. Besonders im Spätsommer sind sie mit Vorsicht zu genießen. Man erkennt sie stets an ihrer Trübung, die von mitgeschlepptem Gletschersediment stammt. Zum Glück haben sie starke Tagesschwankungen: Am Nachmittag sind sie am höchsten, bei Sonnenaufgang (das ist im isländischen Sommer verdammt früh) am niedrigsten.

In der Reiseliteratur über Island, der »Insel aus Feuer und Eis«, werden die für Island ebenso typischen Wasserfälle oft nur wenig gewürdigt. Die Isländer fühlen sich aber auch diesen eng verbunden. Die Schiffe der großen Eimskip-Reederei sind beispielsweise nicht nach Vulkanen und Gletschern benannt, wie man erwarten könnte, sondern nach den großen Wasserfällen Gullfoss, Goðafoss, Dettifoss usw.

Die außerordentlich große Zahl von Wasserfällen ist angesichts der herrschenden Umstände kein Wunder: hohe Niederschläge (hat eben alles auch seine guten Seiten), starkes Gefälle, unterschiedlich hartes Gestein in »bunter« Durchmischung und ein geradezu jugendliches Relief. Hier hat die Erosion noch nicht über Hunderttausende von Jahren ihre Landschaftseinebnung betrieben.

Die Formenvielfalt isländischer Wasserfälle ist beeindruckkend: ob majestätisch wie der Gullfoss, harmonisch wie der Goðafoss, symmetrisch wie der Skógarfoss oder verspielt wie der Ófærufoss. Mal mit der rohen Gewalt des Dettifoss, mal mit der vom Winde verwehten Leichtigkeit des Seljalandsfoss

Basaltmuster am Aldeyjarfoss

– kein Wasserfall gleicht dem anderen, und jeder wartet mit einer kleinen Überraschung auf.

Trotz der Tatsache, daß Island nahezu 100% seines Stromes aus Wasserkraft erzeugt, gibt es auch heute noch genügend Flüsse, die statt in Turbinen über Fallkanten toben.

EIS – DER LANDSCHAFTSFORMER

Island – »Eisland« – hat seinen Namen schon zu Recht erhalten. Nicht, weil es eine einzige große Eiswüste ist, wie sie noch immer durch viele Vorstellungen geistert, sondern weil seine Form eng mit der bildhauerischen Tätigkeit der Gletscher verbunden ist.

144

Heute sind knapp 12% der Fläche des Landes von Gletschereis bedeckt. Der Hauptanteil davon entfällt auf den Vatnajökull, den größten Gletscher Europas. Diese bis zu 1000 Meter mächtige Eiskappe entsendet rundherum eine Vielzahl breiter Gletscherzungen und schmaler, zerklüfteter Talgletscher.

Gletschereis entsteht aus der Akkumulation von Schnee, wobei die filigranen Schneekristalle allmählich ihre Form verlieren und unter Druck zu Eiskristallen »verklumpen«. So wird aus Neuschnee Altschnee, aus diesem Firn, der seinerseits in Eis übergeht. Man kann sich dieses Eis als eine sehr zähflüssige Masse vorstellen, die unter dem Gewicht des von oben nachdrängenden Eises zu Tal wandert. In einigen Fällen sind Wandergeschwindigkeiten von mehr als einem Meter täglich gemessen worden. Es ist nicht verwunderlich, daß der Gletscher mit seinem Gewicht die Landschaft förmlich aushobelt und zu Trogtälern und anderen typischen Formen umwandelt. Das dabei abgeschliffene Material wird in, unter und auf dem Eis zu Tal transportiert, wo es in Form von sogenannten End-, Grund- oder Seitenmoränen abgelegt wird.

Interessant ist auch, daß Gletscher eine Art Langzeit-Thermometer sind. Bei allmählicher Klimaerwärmung ziehen sie sich über die Jahre merklich zurück. Eine solche Periode begann etwa 1920. Sie wurde dann ab 1965 von einer Klimaverschlechterung mit Vordringen der Gletscher abgelöst.

Es ist kaum verwunderlich, daß Gletscher wesentlich zum heutigen Gesicht Islands beigetragen haben. Darüber hinaus gibt es aber noch einige andere, recht eigenwillige Formen von Landschaftsgestaltung durch Eis.

Jeder, der allabendlich nach einem geeigneten Platz für sein Zelt Ausschau hält, kennt sie, die isländischen **Thufurwiesen.** Auf diesen von dicht an dicht stehenden Buckeln übersäten Wiesen ist nämlich an Zelten nur für Schlafakrobaten zu denken. Doch wer vermutet schon, daß diese sattgrünen

Buckel die Folgen von starken Bodenfrösten und Frostwechseln sind.

Wie war das noch, damals im Physikunterricht, mit der »Anomalie des Wassers«? Genau, Wasser dehnt sich beim Gefrieren aus. Nehmen poröse Materialien Wasser auf und gefriert dieses dann, so kommt es zur **Frostsprengung,** die mitunter so eigenwillige Formen wie das **Tröllabraud** hervorbringt. Aber auch im Boden entwickelt der Frost gewaltige Kräfte. Ist zum Beispiel die isolierende Pflanzendecke unterschiedlich dick, so bietet sie dem Eindringen des Frostes nicht überall den gleichen Widerstand. Es kann sich so im Boden ein unterschiedlicher Frostdruck aufbauen. Die Folge davon ist, daß die weniger vereisten Bereiche unter dem Druck der anderen nach oben gedrängt werden und sich zu den bekannten Buckeln aufwölben. Schon haben wir unsere Thufur.

Ebenso interessant ist das Phänomen der **Frosthebung.** Bei diesem Vorgang werden durch häufigen Frostwechsel – also Auftauen und Wiedergefrieren – Steine im Boden langsam angehoben und wandern an die Oberfläche. So kommt es, daß man zum Beispiel im Hochland regelrechte Steinpflaster antrifft, die allesamt aus nach oben gefrorenen Steinen bestehen.

Kommt zur Frosthebung noch die Bildung von Spalten und Rissen im Boden **(Frostkontraktion),** dann entstehen die eigenartigsten Steinmuster. Besonders auffällig sind **Steinnetze,** in denen nach oben gefrorene Steine in Form von aneinandergereihten Fünf- und Sechsecken liegen – wie übergroße Bienenwaben.

Es ist faszinierend zu beobachten, wie die Natur immer wieder auf bewährte Baumuster zurückgreift. Ein gutes Beispiel sind gerade die Sechseckstrukturen von Bienenwaben, Steinnetzen oder Basaltsäulen, die sich bis in die Facettenaugen von Insekten oder in komplexe organische Moleküle fortsetzen. Eine »Idee« setzt sich durch...

REYKJAVIK – TROTZ ALLEDEM...

Ingólfur Arnason, der erste Siedler Islands, war es, der im Jahre 877 die Bucht des heutigen Reykjavik zu seiner neuen Wohnstätte auserwählte. Er tat dies nicht etwa, weil er hier besonders fruchtbares Land vorfand, sondern er folgte einem »göttlichen Orakel«. Die Jahre zuvor über Bord geworfenen Pfeiler seines Hochsitzes waren hier angetrieben worden. Grund genug für ihn, nicht lange zu fackeln und seinen Hof in dieser Bucht zu gründen – Reykjavik war entstanden.

Die Entwicklung Reykjaviks zu dem Zentrum, das es heute darstellt, kam jedoch nur äußerst schleppend in Gang. Im Jahre 1703 war es gerade zu einem 150-Seelen-Dorf angewachsen. Erst die zweite Hälfte des vorigen und besonders dieses Jahrhunderts brachten den gewaltigen Schub in der Entwicklung. Ob Wirtschaft, Politik oder Kultur, Reykjavik wurde zum eindeutigen Zentrum des Landes. Heute drängen

Scheinbarer Anachronismus

sich 54% des isländischen Volkes (Dez. 1984: 130485 Einwohner) im Großraum Reykjavik zusammen, während die durchschnittliche Bevölkerungsdichte im »übrigen« Island bei einem Bewohner pro Quadratkilometer liegt.

Wer nicht ohnehin zwangsläufig über Reykjavik reist, der sollte diese Stadt nicht von vornherein aus seiner Routenplanung verdammen. Zugegeben, sie bietet nichts von dem, was man von einer europäischen Hauptstadt vielleicht erwartet – weder einen richtigen historischen Kern mit Atmosphäre noch eine topmoderne Skyline. Und dennoch ist diese Stadt mit ihrem nordischen Charme sehenswert.

Natürlich kann man sich hier Museen vornehmen, das Nationalmuseum zum Beispiel oder die Nationale Kunstgalerie. Sicher lohnt sich auch ein Blick in das Naturkundemuseum. Auf keinen Fall fehlen sollte das Árbær-Freilichtmuseum mit historischen Gebäuden. Genausogut kann man aber auch in den vielen kleinen Galerien und Kunstausstellungen die Kunst von Vergangenheit und Gegenwart entdecken. Die großzügige Kjarvalsstaðir-Kunstgalerie wäre dafür nicht schlecht. Mit Sicherheit richtig wird die Asmundur-Sveinsson-Galerie sein, ein futuristisch anmutender Bau, der von einer Anzahl skurriler Originalplastiken umringt ist.

Wenn das alles nichts ist und das Wetter muffige Museumsräume indiskutabel werden läßt, empfiehlt sich ein ruhiges Stündchen im botanischen Garten, ein ausgiebiger Hafenspaziergang oder auch eine flotte Wanderung von den Heißwassertanks zum Quellgebiet Reykir. Ob die Sonne lacht, es Bindfäden regnet oder Hagel auf das Pflaster prasselt – das Schwimmbad ist immer ein »heißer« Tip.

Es sei dahingestellt, ob es sich lohnt, für zwei, drei Tage zum »Shopping« nach Reykjavik zu jetten, wie es mittlerweile von Reiseveranstaltern angeboten wird. Wenn man aber schon mal dort ist, sollte man vom Supermarkt über die Buchhandlung und den Plattenladen bis hin zur Wollboutique einfach mal alles durchstöbern.

Ein echtes Muß schließlich und vielleicht sogar der Höhepunkt ist die »Volcano Show« von Vilhjálmur Knudsen – egal wie angeschlagen die Reisekasse sein mag. Er zeigt wahrhaft sehenswerte Bilder von ungeahnter Aussagekraft. Wer sich das entgehen läßt, ist selber schuld...

Reiseinfos von A–Z

ADRESSEN IN DEUTSCHLAND

Isländisches Fremden-
verkehrsamt
Brönnerstraße 11
6000 Frankfurt am Main

allgemeines Infomaterial

Botschaft von Island
Kronprinzenstraße 6
5300 Bonn 2

Icelandair
Rossmarkt 10
6000 Frankfurt am Main 1

Fluglinienverkehr nach Keflavik

Eagle Air
Raboisen 5–13
2000 Hamburg 1

Fluglinienverkehr nach Keflavik

Smyril Line
Agentur J. A. Reinicke
Hohe Bleichen 11
2000 Hamburg 36

Fährverbindung Hanstholm –
Seyđisfjörđur

Dänisches Fremdenverkehrsamt
Glockengießerwall 2
Postfach 101329
2000 Hamburg 1

Informationen über Fahrradtransport bei der DSB, Informationen über die Färöer

INTER AIR Voss-Reisen
GmbH
Postfach 730344
6000 Frankfurt am Main 71

Verleih von Mountainbikes in
Island

ADRESSEN IN ISLAND

Ferðamálaráð Islands Laugavegur 3 IS-101 Reykjavik	Isländisches Fremdenverkehrs- büro, für Informationen unterwegs
Deutsche Botschaft Túngata 18 IS-101 Reykjavik	Anlaufpunkt bei ernsten Problemen in Island
Félag Islenskra Bifreiðaeigenda Borgartún 33 IS-101 Reykjavik	Isländischer Automobilclub, gibt Auskünfte über Straßen- zustand
Ferðafélag Islands Öldgata 3 IS-121 Reykjavik	Isländischer Wanderverein, besitzt viele Hütten, organisiert Wandertouren
Bandalag Islenskra Farfugla Laufásvegur 41 IS-121 Reykjavik	Isländischer Jugendherbergs- verband
Tjaldleigan Hringbraut IS-101 Reykjavik	Ausrüstungsverleih (Zelte, Schlafsäcke, Rucksäcke, Koch- ausrüstung und Fahrräder)

ANREISEMÖGLICHKEITEN

Island ist eine Insel. Was liegt also näher als das klassische Reisemittel **Schiff?** Doch derzeit gibt es nur eine regelmäßige Schiffsverbindung durch die Smyril Line auf den Färöern. Diese läuft mit der M/S »Norröna« von Juni bis September einmal wöchentlich Seyðisfjörður in Ostisland an. Die Fähre fährt nach folgendem Plan ab Hanstholm in Dänemark (Stand 1987):

Hafen	Tag	an	ab
Hanstholm (Dänemark)	Sa	–	**20.00**
Tórshavn (Färöer)	Mo	**06.00**	09.00
Lerwick (Shetland-Inseln)	Mo	22.00	23.00
Bergen (Norwegen)	Di	12.00	15.00
Lerwick	Mi	01.00	02.00
Tórshavn	Mi	15.00	**17.00**
Seyđisfjörđur (Island)	Do	**08.00**	**12.00**
Tórshavn	Fr	06.00	09.00
Hanstholm	Sa	**16.00**	–

Die Preise für die einfache Überfahrt Dänemark – Island variieren von 496,– DM für die einfache Liege (einfache Deckspassagen wie beschrieben gibt es nicht mehr) bis 1046,– DM für die 2-Bett-Luxuskabine, jeweils in der Hauptsaison. Für Schüler und Studenten bis zu 26 Jahren gibt es bei Vorlage eines gültigen Schüler- bzw. Internationalen Studentenausweises 25% Ermäßigung auf die Passage mit Liege oder 4-Bett-Kabine-Standard (523,– DM normal).

Die Mitnahme eines Fahrrades ist unproblematisch und schlägt mit 21,– DM pro Richtung zu Buche. Die zwei Übernachtungen in Tórshavn gehen zu Lasten der Passagiere. Nicht weit vom Hafen entfernt gibt es einen Zeltplatz.

Wer nicht über die im Fahrplan besonders hervorgehobene Standardroute Dänemark – Island einreisen möchte, sondern über Norwegen, beziehungsweise Schottland, kann spezielle Durchbuchungen mit anderen Fähren arrangieren lassen. Auch die Flug/Schiff-Kombination kann gebucht werden.

Ich habe meine eindeutige Sympathie für diese Anreisemöglichkeit schon beschrieben. Dennoch kann die Passage bei stürmischem Atlantik auch sehr anstrengend sein. Wer mit Seekrankheit rechnet, nimmt frühzeitig entsprechende Tabletten gegen Reisekrankheit, auch wenn diese trotz des meist enthaltenen Coffeins eher wie Schlaftabletten wirken. Besonders wichtig ist ebenfalls, daß man konstant etwas im Magen hat.

Die gelegentlich genannte Anreise mit Frachtschiffen ist

nicht mehr ohne weiteres zu bekommen. Auf keinen Fall ist sie eine preiswertere Alternative.

Im Zusammenhang mit der Schiffsanreise muß ich noch auf den leidigen Fahrradtransport bei der Dänischen Staatsbahn eingehen. Zwar hat sich seit meiner Reise etliches getan, und es gibt immer mehr Möglichkeiten, sein Rad im Zug mitzuführen. Dennoch bestehen einige Hürden, die gute Planung voraussetzen. So sind Intercity-Züge generell für Räder tabu. Diverse Schnellzüge zwischen Kopenhagen und Jütland nehmen Räder mit, ebenso Lokalzüge in Jütland außerhalb der »rush hours« (Mo–Fr vor 9.00 und von 15.00 bis 18.00 Uhr keine Beförderung). Ab Frühjahr 1987 ist eine Vereinbarung von DB und DSB in Kraft, die die Mitnahme von Rädern in internationalen Zügen zwischen Aachen/Köln/Hamburg und Kopenhagen/Frederikshavn regelt. Wie nun aber der Transport auf der Nebenstrecke nach Thisted konkret geregelt ist, bleibt ungewiß. Daher unbedingt genaue Informationen einholen oder am besten das Rad einige Tage vorher als Reisegepäck nach Thisted schicken, in der Hoffnung, es dann am Tag der Fährenabfahrt auch wirklich dort in Empfang nehmen zu können.

Weitaus weniger zeitaufwendig ist die Anreise per **Flugzeug.** Die Icelandair fliegt von Frankfurt, Luxemburg und Salzburg, die Eagle Air startet in Amsterdam, Zürich und Hamburg. Zielflughafen ist stets Keflavik, der 40 Kilometer von Reykjavik entfernt liegende internationale Flughafen Islands.

Bezüglich der Mitnahme von Fahrrädern sind einige Anmerkungen zu machen. So muß das Rad bei der Icelandair in einer festen Hülle verpackt sein, Lenker und Pedale sind einzuschlagen. Da man mit seinem Gepäck unweigerlich über die Freigrenze von 20 Kilogramm Fluggepäck kommen wird, ist jedes zusätzliche Kilo mit 1% des 1.-Klasse-Flugpreises zu berechnen. Das macht ab Frankfurt ca. 18,– DM pro Kilo und Richtung aus.

Auch bei der Eagle Air liegt die Freimengengrenze bei 20 Kilogramm. Ab Hamburg entstehen Kosten von 16,– DM pro Kilo und Richtung. Allerdings ist hier eine Verpackung des Rades nicht vorgeschrieben. Die Fluggesellschaft haftet in diesem Falle nicht für eventuelle Schäden. Auf innerisländischen Flügen der Eagle Air ist die Mitnahme von Fahrrädern ausgeschlossen.

Nicht vergessen: Im Flugzeug ist die Luft aus den Reifen herauszulassen!

BUSFAHREN

Klar, daß man, wenn man Island mit dem Velo erobern will, nicht gleich ans Busfahren denkt. Dennoch gibt es immer wieder Situationen, in denen es notwendig oder einfach vorteilhaft ist, sich des Busnetzes zu bedienen.

Zwar umspannt dieses Island, aber es gibt in den abgelegenen Regionen nicht immer täglich einen Bus, der in die gewünschte Richtung fährt. Die Umrundung Islands ist mit vier Bussen möglich. Die Abschnitte sind wie folgt unterteilt: Reykjavik – Akureyri, Akureyri – Egilsstaðir, Egilsstaðir – Höfn und Höfn – Reykjavik. Dabei sitzt man auf einigen Etappen schon seine 8–9 Stunden im Bus.

Das Busfahren hat in Island eine hervorragende Eigenart. Jeder Bus nämlich hält überall entlang der Strecke, um auf Handzeichen Passagiere zusteigen zu lassen beziehungsweise an vereinbarten Punkten abzusetzen.

Fahrräder werden von den Bussen jederzeit mitgenommen, vorausgesetzt, sie sind nicht voll. Der Preis, der mittlerweile für den Radtransport erhoben wird, beträgt ca. 20,– DM (1987) für bis zu 450 Kilometer Fahrstrecke.

EINREISE

Die Einreise nach Island ist völlig unkompliziert. Für einen Aufenthalt als Tourist benötigen Staatsbürger der Bundesrepublik Deutschland, Österreichs und der Schweiz lediglich einen gültigen Personalausweis.

Zollfrei dürfen eingeführt werden: 1 l Wein oder 1 l Getränke bis 21% Alkohol oder 6 l Bier, 1 l Spirituosen bis 47% Alkohol, 200 Zigaretten (oder entsprechende Mengen anderer Tabakwaren).

Frisches und geräuchertes Fleisch (mit Ausnahme von Konserven), Eier, Milchprodukte und Haustiere können nicht eingeführt werden. Gebrauchte Reit- und Angelausrüstungen müssen desinfiziert sein. Es ist eine entsprechende Bescheinigung vorzuweisen.

FAHRRADVERLEIH

Wem trotz all dieser Hinweise (oder vielleicht auch gerade deswegen) nicht nach einer richtigen Fahrradtour zumute ist, dem bleibt immer noch die Möglichkeit, für einen oder auch mehrere Tage in Island ein Rad zu mieten. Diese Idee scheint sich langsam in Island durchzusetzen. Mir liegen Informationen über die folgenden Verleiher vor:

– beide Jugendherbergen Reykjaviks (Laufásvegur 41 und Sundlaugarvegur); die Räder sind wohl eher für den Stadtgebrauch gedacht, aber auch das ist eine empfehlenswerte Möglichkeit. Leihgebühr (1987): 1 $ pro Stunde, 7 $ pro Tag.
– Tjaldleigan, in der Hringbraut am Bus-Terminal

– Hotel Reynihlíd am Mývatn. Hier am Mývatn, wo die meisten Attraktionen recht nah beieinander liegen, ist ein Fahrrad das ideale Gefährt, um die Gegend zu entdecken. Es lohnt sich!

Darüber hinaus gibt es sicher noch etliche andere Verleiher. Eine Frage beim örtlichen Genossenschaftsladen, der Tankstelle oder besonders bei Hotels ist daher immer angebracht.

Eine echte Neuigkeit bietet ab 1987 die Reisegesellschaft INTER AIR Voss-Reisen in Frankfurt. Bei ihr können Mountainbikes tage- und wochenweise gemietet werden. Es handelt sich dabei um 10 Herren- und 2 Damenräder der deutschen Marke »Velo Schauff«, Typ »Djungle«. Sie sind mit Schutzblechen, Lichtanlage und Gepäckträger ausgerüstet. Die Räder müssen nicht umständlich transportiert werden, sondern werden in Reykjavik vom isländischen Partner Samvinn-travel ausgehändigt. Die Buchung muß jedoch über die Frankfurter Adresse laufen. Auf diese Weise kann der Traum vom »Island per Rad« auch ohne eigenes Mountainbike und den Umstand der Anreise mit dem eigenen Velo wahr werden.

FOTOGRAFIEREN

Island ist ein echtes Traumland für Fotografen. Mit an Sicherheit grenzender Wahrscheinlichkeit macht jeder erheblich mehr Fotos als eingeplant. Also bitte großzügigen Filmvorrat anlegen, denn man bekommt in Island nur Markenfilme zu horrenden Preisen.

Die Lichtverhältnisse sind nicht immer leicht zu handhaben. Heller Himmel über dunklen Lavafeldern (automatische Belichtung korrigieren), ständig wechselnde Helligkeit etc. können bisweilen Probleme bereiten. Ein Skylight-Filter hilft den

Blaustich zu vermeiden und ist daher sehr empfehlenswert. Mit einem Polfilter kann man spiegelnde Wasseroberflächen von polarisierten Lichtreflexen befreien.

Beim Filmmaterial sollte man auf unterschiedliche Empfindlichkeiten achten. Ich war mit empfindlicherem Material zur »Regenzeit« gut beraten. Allgemein sind etwa 21 DIN / 100 ASA der Standard. Wenn auch kein Film die feinen Farbnuancen in Braun, Grau und Grün adäquat wiedergibt, sollte man sich dennoch von einem Foto-Fachhändler für diesen Zweck über die geeignete Marke beraten lassen. Leuchtende Farben sind eher eine Seltenheit. Das Filmmaterial sollte also mit erdigen und grauen Farben nicht auf dem Kriegsfuß stehen.

Daß man seine Fotoausrüstung regensicher verpackt, ist wohl eine Selbstverständlichkeit. Es gibt beispielsweise absolut wasserdichte Kunststoffbeutel in verschiedenen Größen. Bei Dauerregen und Furten ist man damit um eine Sorge erleichtert und kann schon mal »baden gehen«. Einen befreundeten Island-Trekker hat es beispielsweise in einer üblen Furt erwischt. Das liest sich in seinem Bericht dann so: »...zwei Objektive bei den Fischen, ein Objektiv über dem Gaskocher getrocknet, ein Gehäuse an der Wäscheleine«.

Es gibt speziell als Lenkertaschen ausgestattete Fototaschen, die eine gute Polsterung und Fächeraufteilung besitzen. Eine solche Tasche kann bei Regen oder beim Furten recht schnell in einem Plastikbeutel verschwinden.

GELD

Die isländische Währungseinheit ist die isländische Krone, die in 100 Aurar unterteilt ist. Es gibt Münzen von 5, 10 und 50 Aurar sowie 1, 5 und 10 Kronen und Noten von 10, 50, 100, 1000 und 5000 Kronen.

Bis zu 8000 Kronen in Stückelung von 100 Kronen und kleiner dürfen eingeführt werden. Allerdings wird man *keinesfalls* von dieser Möglichkeit Gebrauch machen und schon in Deutschland Kronen besorgen, da man dann einen ganz erheblichen Kursverlust hinnehmen muß. Ausländische Währungen können unbegrenzt und in jeder Form eingeführt werden. Als besonders vorteilhaft habe ich Reiseschecks empfunden. Will man am Ende der Reise Kronen in Island zurücktauschen, braucht man die Tauschquittung der Bank, bei der man die Kronen bekommen hat. Sie muß also gut aufbewahrt werden.

Den Wechselkurs der isländischen Krone genieße man mit gebührender Vorsicht. Er ist alles andere als stabil. Im März 1987 bekam man für 1,– DM genau 21,31 Ikr. Da ein schwacher US-Dollar auch die Ikr mitzieht, ist der Island-Urlaub zur Zeit also relativ günstig.

Wer mit dem Schiff nach Island kommt, der hat sicherlich für die Anreise in Dänemark schon Dänische Kronen angeschafft. Die Dänische Krone ist neben der Färöischen Krone auf den Färöern ebenfalls gültig. Die beiden Währungen stehen per definitionem immer im Kurs 1:1. Man braucht also in Tórshavn nicht unbedingt Geld zu tauschen, sondern kann sich schon in Dänemark eindecken.

Legt man sich aber doch Färöische Kronen zu, verbrauche man sie auch dort. Es gibt sonst womöglich Ärger mit dem Rücktausch in Dänemark.

KARTEN

Karten gibt es für jeden Zweck. Als flächendeckende Island-karte für den Radfahrer kann ich die **Touristenkarte** im Maß-stab 1:500 000 (29,80 DM) empfehlen. Legende unter ande-rem auch in Deutsch. Sie bringt eine gute Klassifizierung aller Straßen mit Entfernungsangaben, touristischen Informatio-nen und 100-Meter-Höhenlinien. Diese Karte reicht auf alle Fälle für den normalen Anspruch.

Wem sie jedoch nicht genügt, weil er vielleicht auch ein paar Wanderungen einplant, der kann auf den **neunteiligen Spezialkartensatz** im Maßstab 1:250 000 zurückgreifen (je Karte 33,50 DM). Es gibt hier auch eine Kombination von zwei Karten auf Vorder- und Rückseite (je Doppelkarte 44,– DM). Dieser Kartensatz gibt eine recht gute Übersicht über die landschaftlichen Gegebenheiten. Legende in engli-scher, dänischer und isländischer Sprache. Die Höhenlinien liegen in 20-Meter-Differenz.

Nur für Leute, die fernab jeglicher Zivilisation größere Wanderungen durchführen wollen, sind die **Atlassonderkar-ten** angebracht. Der Satz besteht aus 87 Blättern (je Blatt 23,50 DM) im Maßstab 1:100 000 und bietet detaillierte Infor-mationen mit englischer Legende.

Erwähnen möchte ich auch noch die **Detailkarten** für touri-stisch besonders interessante Regionen. Sie sind entweder im Maßstab 1:100 000 mit deutscher Legende erschienen. Bei-spiel: Landmannalaugar/Thórsmörk oder das Skaftafell. Oder es gibt sie im Maßstab 1:50 000 für Hekla, Mývatn, Westmän-nerinseln etc. (Preise zwischen 22,50 DM und 29,40 DM). Von Thingvellir gibt es sogar ein Blatt im Maßstab 1:25 000 (22,50 DM). Die Detailkarten sind zwar absolut nicht notwen-dig, aber zumindest hilfreich und anschaulich.

Alle Karten: Landmælingar Íslands (= Iceland Geodetic Survey = isländische Landvermessungsbehörde)

KLIMA

Obwohl Island in der Subarktis liegt, hat es kein der geografischen Breite entsprechendes, sondern ein typisch maritimes Klima – ausgeglichene Temperaturen, kühle und kurze Sommer, milde und lange Winter. Die Klimatologen sprechen von einer positiven Klimaanomalie.

Betrachtet man das auf gleicher nördlicher Breite liegende Ostgrönland mit Island, so wird der gewaltige Einfluß des Golfstromes offenbar. Er entsendet den ungefähr 6°C »warmen« Irmingerstrom, der Island im Uhrzeigersinn umrundet und seinen Einfluß in den Küstenregionen geltend macht. Nur von Norden schickt der Ostgrönlandstrom mit dem Abzweiger Ostislandstrom 1–3°C kaltes, polares Wasser an die Küsten.

Von den Küsten Richtung Zentralisland erfährt das Klima einen sogenannten peripher-zentralen Wandel, das heißt, es wird zunehmend kontinental. Der maritime Einfluß wird deutlich abgeschwächt, hinzu kommt die Höhenlage. Infolgedessen kennt das Hochland auch klirrenden Winterfrost und sogar Schneestürme im Sommer.

Die Verantwortung für die berühmt-berüchtigten Islandtiefs weisen die Isländer entschieden von sich. Sie kommen nämlich schon aus Grönland und sorgen für vorherrschende Süd- bis Südwestwinde. Da diese viel Feuchtigkeit mitbringen, ist Südisland sehr niederschlagsreich, der Norden weniger. Eine isländische Faustregel besagt, daß es im Norden schön ist, wenn es im Süden regnet und umgekehrt.

Insgesamt ist das Wetter sehr launisch und wechselhaft. Ich habe sehr schnell meine Prognosen nur noch für höchstens eine Viertelstunde ausgestellt. Wind weht fast immer, Stürme sind auch im Sommer durchaus nicht selten. Gewitter mit Blitz und Donner sind in Island praktisch unbekannt. Bei klarem Wetter erlaubt die reine, ungetrübte Luft eine phantastische Weitsicht, wie man sie in unseren Breiten kaum kennt.

160

NATUR- UND UMWELTSCHUTZ

Dieses Thema liegt mir sehr am Herzen. Die isländische Vegetation ist gegenüber mitteleuropäischen Verhältnissen ungewöhnlich empfindlich. Besonders im Hochland sorgen unstetes Klima, die niedrigen Jahrestemperaturen und die nur zwei Monate dauernde Wachstumsperiode für extrem langsames Wachstum.

Schäden heilen nur sehr allmählich aus, so daß Autospuren abseits der Pisten jahrelang zu sehen sind. Reißt die Vegetationsdecke erst einmal auf, kann der Wind sein zerstörerisches Werk beginnen. Gerade die aschereichen, feinen Böden, die man vielerorts antrifft, haben keinen Zusammenhalt und bieten dem angreifenden Wind keinen Widerstand. Am Hólssandur in Nordostisland ist diese Winderosion gut zu beobachten. Die Zersetzung organischen Materials geht so langsam vonstatten, daß der Boden sehr nährstoffarm ist. Wer Brennmaterial sammelt, entzieht dem Boden das Nötigste.

Man beachte daher unbedingt folgende Regeln:

1. Bitte beachten Sie stets besonders die Hinweistafeln des Náttúruverndarráđ (Naturschutzverband) und andere Schilder. Sie ersparen sich so auch möglichen Ärger.
2. Jegliches Fahren abseits der Straßen und Fahrspuren ist verboten. Mittlerweile kontrolliert man sogar mit dem Hubschrauber aus der Luft! Auch Radfahrer sollten hier kein schlechtes Beispiel geben.
3. Das Beschädigen von Pflanzen und Pflanzenteilen aller Art ist nicht gestattet.
4. Das Sammeln von Brennholz und das Feuermachen auf oder in unmittelbarer Nachbarschaft von bewachsenem Grund ist nicht erlaubt.
5. Auf unbewachsenem Gebiet kann unter geeigneten Vorsichtsmaßnahmen Feuer gemacht werden. Alle Spuren sind natürlich zu beseitigen.

Winderosion im Hólssandur

6. Jeglicher Müll wird stets gesammelt und mitgenommen, nicht irgendwo vergraben.

7. Naturschönheiten dürfen nicht verschandelt werden durch Einritzen etc. Auch das Legen von Steinmustern im Hverfjall gehört dazu.

8. In heiße Quellen dürfen auf keinen Fall Steine oder andere Gegenstände geworfen werden. Die Sintersteine bedürfen besonderer Vorsicht.

9. Das Ausführen von Vögeln, Eiern, Eierschalen und Nestern ist strikt untersagt. Besonders Deutsche haben sich hier in der letzten Zeit einen schlechten Namen gemacht.

10. Bestimmte Vogelarten dürfen in den Schutzgebieten nicht fotografiert werden. Zur Brutzeit ist das Betreten von Vogelschutzgebieten in der Regel untersagt.

11. Für Naturschutzgebiete gelten besondere Regeln:
    – Aktivitäten, die die Landschaft oder Natur verändern, sind verboten.

Wollgras

- Das Sammeln von Naturobjekten wie Pflanzen, Tiere und Mineralien ist nicht erlaubt.
- Zelten ist nur auf den dafür vorgesehenen Plätzen gestattet.

All diese Regeln sind nicht etwa der autoritäre Zeigefinger eines weltfremden Philisters, sondern angesichts der bereits eingetretenen Schäden absolut vernünftig. Auch wenn manch einer alles für eine Übertreibung hält, so belehrt eine Island-reise den aufmerksamen Beobachter eines Besseren.

Ich meine, daß gerade Radfahrer, die sich ja oft Umwelt-schutz und ökologische Alternativen auf ihre Fahnen schrei-ben (ich zähle mich auch dazu), durch ihr konsequentes, bewußtes Verhalten auffallen sollten. So fühlt man sich am wenigsten als Fremdkörper in der Natur, und Umweltschutz im konkreten Sinne wird zu einem positiven Erlebnis.

163

PREISE

– ein trauriges Kapitel. Sind die skandinavischen Länder ohnehin schon nicht gerade die günstigsten, so gibt es in Island nur noch wenige Dinge, die in etwa den gleichen Preis haben wie bei uns.

Viele Lebensmittel kosten über den Daumen gepeilt das Zwei- bis Dreifache. Brot, Tütensuppen und isländischer Käse gehören dabei noch zu den recht günstigen Nahrungsmitteln. Obst und Gemüse werden zum größten Teil, wie fast alles andere auch, eingeführt, oder aber in den von heißen Quellen beheizten Gewächshäusern von Hveragerdi produziert. Die Preise sind dementsprechend hoch.

Fisch und Schaffleisch sind nur mäßig teuer und daher Schweine- oder Rindfleisch vorzuziehen. Milchprodukte werden zum größten Teil im Land hergestellt und sind ebenso gut wie erschwinglich.

Die Lebensmittelpreise sind in Reykjavik am niedrigsten. Je abgelegener ein Geschäft liegt, desto höher sind sie naturgemäß. Daher decke man sich in den Supermärkten größerer Ortschaften ein.

Beim interessantesten Reisemitbringsel, der isländischen Wolle in verstrickter oder unverstrickter Form, ist das Gefälle genau andersherum. So ist in Seydisfjördur und erst recht in Reykjavik zwar die Auswahl an Wollwaren erheblich größer. Dafür zahlt man dort aber deutlich mehr als in einem kleinen Genossenschaftsladen auf dem Lande. Deshalb unbedingt schon unterwegs suchen. Wenn sich das Richtige nicht auftreiben läßt, kann man vor der Abreise immer noch zuschlagen.

REISEZEIT

Die ideale Reisezeit ist mit den Monaten Juli und August relativ kurz. Wer auf das Hochland spekuliert, wird diese beiden Monate wählen müssen.

Juni und September können ebenfalls sehr reizvoll sein, auch wenn die Temperaturen noch/schon sehr kühl sein können. Im Hochland läuft allerdings im Juni noch fast nichts, und im September können schon die ersten Schneeeinbrüche die Hochlandtour vereiteln. Im Juni haben viele Flüsse noch sehr hohe Wasserstände.

Neben der »Norröna«, die von Ende Mai bis Mitte September verkehrt, sind viele andere Verkehrsverbindungen in Island außerhalb der Hauptsaison stark reduziert.

Der isländische Winter soll übrigens einen ganz besonderen Reiz haben. Er ist aber leider für den Radler nicht so angenehm.

TIERE

Gleich vorweg für Ängstliche: Gefährliche Tiere gibt es in Island nicht! Überhaupt ist Island recht artenarm. An **wildlebenden Säugetieren** gibt es den Polarfuchs und einige – freiwillig oder unfreiwillig – durch den Menschen eingebrachte Arten wie Nerz, Rentier, Ratte und Maus.

Reptilien und **Amphibien** sind überhaupt nicht vertreten. **Fische** gibt es dagegen in den Flüssen und Seen in großer Zahl. Lachs, Forelle, Saibling und Flußaal sind hier an erster Stelle zu nennen.

Der Fischreichtum des Meeres begründet nach wie vor das wichtigste Standbein der isländischen Wirtschaft, die Fischindustrie. Die wichtigsten Fangfische sind Kabeljau, Lodde,

Rotbarsch und Schellfisch. Der Hering, Mitte der 60er Jahre noch wichtigster Fisch, stürzte durch Überfischung jäh in die Bedeutungslosigkeit ab. Erst langsam haben die Bestände sich jetzt so weit konsolidiert, daß eine leichte Steigerung der Fangzahlen zu verzeichnen ist.

Die Geschichte der Fischereigrenzen um Island spiegelt deutlich die unnachgiebige isländische Fischereipolitik wieder. 1952 auf 4 Seemeilen ausgedehnt, erfuhr die Grenze in den folgenden Jahren stets neue Festlegungen – 12 Seemeilen (1958), 50 Seemeilen (1972) und 200 Seemeilen (1975). Jede dieser letzten drei Ausdehnungen war von dem Widerstand anderer Fischfangnationen begleitet, allen voran die Briten, die im Schutze ihrer Kriegsflotte in isländischen Hoheitsgewässern weiterfischten. Man spricht in diesem Zusammenhang auch von den drei »Kabeljaukriegen«, die etliche Schiffe ihre Netze und Fangeinrichtungen kosteten. Immer jedoch gingen die Isländer als Sieger hervor und konnten so ihre Gewässer vor allzu rücksichtsloser Überfischung schützen.

Vögel gibt es in Island in unglaublicher Zahl. Riesige Vogelfelsen mit Tausenden und Abertausenden von Vögeln sind überall zu finden. Interessanterweise ist Island hierbei ein Überschneidungsgebiet europäischer und amerikanischer Arten und besitzt so besonderen ornithologischen Wert.

Zu den edelsten und besonders geschützten Arten zählen die Schnee-Eulen, Seeadler und vor allem der Gerfalke. Letzterer ist immer wieder das begehrte Objekt professionell organisierter Schmuggelbanden.

Ob Watvögel, Möwenvögel (Große Raubmöwe), Alken (Papageientaucher), Raben, Kormorane, Singschwäne oder die am Mývatn in Mengen auftretenden Entenarten, sie alle sind nicht nur für Ornithologen ein reizvolles Beobachtungsobjekt.

Zu den ständigen Begleitern gehören die **Schafe,** die bis zum großen Herbstabtrieb ein freies Leben führen. Das **Islandpferd** ist wegen seiner großen Trittsicherheit, Genügsam-

Papageientaucher

keit und Ausdauer zu einem auch heute noch wichtigen Nutz-
tier geworden. Es beherrscht neben den drei üblichen Gangar-
ten noch den Paßgang und den Tölt. Die Pferde, die noch
heute Eigenschaften von Wildpferden in sich tragen, sind zu
einem begehrten Exportartikel geworden.

Ein letztes Wort noch zu den Hofhunden. Sie gehören zu
den ersten und häufigsten Bekanntschaften der Radfahrer. Sie
nehmen jeden Radler als willkommene Abwechslung vom
langweiligen Alltag und verfolgen ihn kläffend. Man sollte
sich von diesen spielerischen Attacken nicht einschüchtern
lassen. (Welch frommer Spruch! Ich habe einige Male Blut
und Wasser geschwitzt.)

ÜBERNACHTUNG

Der Reisekasse zuliebe sollte man das Recht zum **wilden Zelten** so oft wie möglich nutzen. Nur so bekommt man das Naturerlebnis pur. Es ist ganz klar, daß die elementaren Naturschutzregeln dabei eingehalten werden. Lediglich in Naturschutzgebieten und den Nationalparks muß auf den dafür vorgesehenen Plätzen gezeltet werden (auf Hinweisschilder achten!). Wer auf eingezäuntem oder in der Nähe von bewohntem Grund zelten möchte, sollte vorher den Eigentümer um Erlaubnis bitten. Für Waschaktionen an Bächen und sonstigen Gewässern empfiehlt sich die Mitnahme einer biologisch abbaubaren Seife. Die gibt es in jedem guten Ausrüstungsladen.

Für das gelegentliche Bedürfnis nach einer Dusche sind nur wenige Zeltplätze geeignet. Oft bieten sie lediglich ein primitives Plumpsklo und eine Wasserstelle. Ausnahmen, wie die gut ausgestatteten Campingplätze am Skaftafell und in Ásbyrgi, bestätigen jedoch die Regel. Man informiere sich über die Ausstattung der Plätze anhand eines Verzeichnisses, das über das Fremdenverkehrsbüro in Frankfurt zu bekommen ist. Die Übernachtungspreise liegen im Schnitt bei 10–15 DM für ein Zelt mit zwei Personen.

Jugendherbergen gibt es in den folgenden Orten: Akureyri, Berunes, Blönduós, Breiðavik, Dalvik, Fljótsdalur, Húsey, Hveragerði, Höfn, Isafjörður, Leirubakki, Reykjanes, Reykjavik, Reynisbrekka, Seyðisfjörður, Varmaland und Vestmannaeyjar. Die Übernachtung kostet 12,00 US $, Frühstück 6,00 US $ (1987). Rechtzeitige Anmeldung ist angesichts der teilweise sehr begrenzten Kapazitäten angeraten.

Eine Möglichkeit, schlechtem Wetter zu entfliehen, sind auch die **Schlafsackunterkünfte** in den EDDA-Hotels oder anderen Institutionen. Bei den EDDA-Hotels kann man für ca. 19,00 DM pro Nacht (1987) sämtlichen Hotel-Service mitbenutzen. Schlafsackunterkünfte sind mittlerweile in recht großer Zahl vorhanden, so daß eine Aufzählung hier nicht möglich ist.

Berghütten des isländischen Wandervereins (siehe Adressenliste Island) sind in begrenztem Umfang auch Einzeltouristen zugänglich. Es gibt bisher 17 Hütten, die sehr unterschiedlich groß und nicht alle bewacht sind. Die Preise liegen zwischen 6,00 und 11,00 US $ (1987). Wenn niemand zum Kassieren da ist, wird das Geld in dafür vorgesehene Kästchen gelegt oder anschließend in Reykjavik beim Wanderverein bezahlt. Ein Lump, wer das Vertrauen mißbraucht! Ich habe schon Leute hiervon prahlen gehört. Sie verderben irgendwann allen anderen diese Übernachtungsmöglichkeiten.

Nothütten sind meist grellorange gestrichen und nur für echte Notfälle und nicht als kostenloser Unterschlupf gedacht. Wer sie wirklich einmal anlaufen muß und vom hoffentlich noch vorhandenen Notproviant oder Brennmaterial nimmt, der sorge im nächsten Ort oder beim nächsten Bauern für die Bezahlung und Wiederauffüllung. Gerade an der Südküste haben diese Nothütten schon manchem Schiffbrüchigen das Leben gerettet.

Nicht umsonst spreche ich zuletzt und sehr kurz von den **Hotels.** Sie gibt es zwar in nicht geringer Zahl, aber die Übernachtungspreise sind durchweg ein Schlag ins Kontor. Wem nach einem ordentlichen Zimmer mit richtigem Bett und allem Drum und Dran zu Mute ist, der frage besser bei Bauern. Sie haben oft ein Zimmer frei oder wissen, wo es das nächste gibt. Man bekommt auf diese Weise auch viel leichter den persönlichen Kontakt.

VERPFLEGUNG

Wer kennt es nicht, das Problem, auf Reisen vernünftig satt zu werden, ohne viel nutzloses Gewicht mitzuschleppen. Angesichts des schlechten Gewicht-Kalorien-Verhältnisses scheiden Gemüse und Obst, die ja ohnehin in Island fast unerschwinglich sind, aus. Besser sieht es da schon mit **Trockenobst** aus. Sehr zu empfehlen sind auch **Müsli, Nüsse** und **Haferflocken** für den Porridge. **Tütensuppen** haben geringes Gewicht und geringe Packmaße und können mit **Nudeln** und **Reis** angereichert werden. **Getrocknetes Sojafleisch, Kartoffelpüreepulver, Vollmilchpulver, Hartkäse** und **Dauerwurst** gehören ebenfalls ins Gepäck.

Ein gesunder Mensch hat immer einen gewissen Vorrat von den meisten Vitaminen. Es droht also nicht gleich Skorbut, wenn Obst und Gemüse fast gänzlich vom Speiseplan gestrichen werden. Da es aber heute selbst in Supermärkten billige **Multivitaminpräparate** gibt, ist der Vitaminmangel auch bei längeren Touren kein Problem mehr.

Problematischer ist der Haushalt der Mineralstoffe. Auch bei kaltem Wetter werden diese bei körperlicher Anstrengung teilweise ausgeschwitzt und müssen wieder zugeführt werden. Da ist es nicht mit einfachen Getränken getan – im Gegenteil, diese können den Mangel sogar verstärken. Salzmangel kann zu Schwäche, Muskelkrämpfen, Erbrechen und schließlich zum Kollaps führen. Eine Packung **Mineralsalztabletten** oder **Elektrolyt-Getränkepulver** für Sportler sollte unbedingt mitgenommen werden.

Das wichtigste Nahrungsmittel gibt es fast überall in Island umsonst in sauberer und wohlschmeckender Form: das **Wasser**. Schon bei 6% Wasserdefizit nimmt die körperliche und geistige Leistungsfähigkeit stark ab. Das Blut wird dickflüssiger, der Kreislauf stärker belastet, die Sauerstoffversorgung der Muskeln verschlechtert. Dem läßt sich durch regelmäßige

Trinkpausen an Bächen vorbeugen. Lediglich unterhalb von Ortschaften sollte das Wasser nicht entnommen werden. Mahlzeit!

WANDERN

Selbst der bestausgerüstete und -konditionierte Radler wird immer wieder Orte erreichen, wo er mit seinem Bike einfach nicht mehr weiterkommt. Es ist daher bei der Zusammenstellung der Ausrüstung darauf zu achten, daß man problemlos Tages-Wandertouren einlegen kann.

So sorgfältig markiert und gepflegt wie in Skandinavien oder den Alpen sind in Island die wenigsten Wanderwege. Wer sich also etwas weiter in die Wildnis hineinwagt, der sollte an warme und wetterfeste Kleidung denken, egal wie das Wetter im Moment aussehen mag. Selbst ein Notfall-Biwaksack sowie eine Extraportion Verpflegung halte ich bei einer ausgiebigen Tagestour nicht für übertrieben. Das Wetter kann einem wirklich übel zusetzen.

Wer mit Karte und Kompaß wandert, und das ist wohl das Beste, muß die wegen der Nähe zum Nordpol recht große Mißweisung einkalkulieren.

Auf eine weitere Besonderheit beim Kompaßwandern möchte ich ebenfalls eingehen. Lava enthält magnetische, eisenhaltige Bestandteile (Magnetit), die sich, solange die Lava nicht erstarrt ist, entsprechend dem Magnetfeld der Erde ausrichten. Wird die Lava fest, so ist im Gestein die Magnetisierung der Erde festgehalten. Da in der Erdgeschichte die Richtung des magnetischen Feldes um die Erde mehrfach gewechselt hat, gibt es naturgemäß normal und anomal magnetisierte Lavafelder. Es ist also keine Außergewöhnlichkeit, wenn innerhalb weniger Meter die Kompaßna-

Stilleben mit Basalt und Wasserfall

del verrückt wird und von Norden auf Süden dreht und umgekehrt. Also bitte nicht den Kompaß wegwerfen – er hat ja recht.

Der lohnende Ausblick von einem Berg ist zwar immer die Mühe des Anstiegs wert, nur sind in Island viele Berge nichts anderes als gigantische Frostschutthalden. Da wird das Vorwärtskommen zum Problem, nach dem Motto: »Einen Schritt rauf, zwei Schritte runter.« Es kann sogar zu regelrechten Erdrutschen kommen, wenn das Gestein erst einmal in Bewegung ist. Auf diese Weise sollen am Herðubreið schon Wanderer umgekommen sein!

Über Furten habe ich schon gesprochen. Nochmals: Vorsicht!

172

Last but not least

CHECKLISTE FÜR DIE AUSRÜSTUNG

Diese Checkliste kann nur als Orientierung gelten. Sie gibt meine komplette Ausrüstung für die Islandreise wieder. Ich halte lange nicht alles für unbedingt notwendig. Daher sollte jeder Überflüssiges streichen oder eigene Wünsche hinzufügen.

Wohnen / Schlafen
- ☐ 2-Mann-Zelt mit Überdach
- ☐ Daunenschlafsack
- ☐ Isoliermatte

Kochen
- ☐ Kartuschenbrenner mit 2 Kartuschen
- ☐ Kochset mit Besteck, Teller und Tasse
- ☐ kleines Holzbrett
- ☐ Thermosflasche aus Kunststoff
- ☐ 4-Liter-Wassersack
- ☐ Dosen- und Flaschenöffner
- ☐ Kunststoffschraubdosen und -flaschen
- ☐ Squeeze-Tuben
- ☐ Feuerzeug und wasserfeste Streichhölzer
- ☐ Geschirrhandtuch

Bekleidung
- ☐ Daunenjacke
- ☐ Anorak
- ☐ Regenanzug und Regengamaschen
- ☐ Wanderschuhe
- ☐ Turnschuhe
- ☐ Wollhandschuhe und -mütze
- ☐ Radfahrhandschuhe
- ☐ Radfahrhose mit Sitzleder
- ☐ 2 Jeans
- ☐ T-Shirts
- ☐ Unterwäsche und lange Unterhose
- ☐ dicke und dünne Socken
- ☐ 2 Hemden
- ☐ Badekleidung

Körperhygiene
- ☐ Handtuch
- ☐ Kulturbeutel mit biologisch abbaubarer Seife

- ☐ Sonnenschutzmittel
- ☐ Fettstift für Lippen mit Lichtschutzfaktor

Reiseapotheke
- ☐ Erste-Hilfe-Päckchen
- ☐ Alu-Rettungsdecke
- ☐ Schmerztabletten
- ☐ fiebersenkendes Medikament
- ☐ Dreieckstuch
- ☐ Sportsalbe
- ☐ Breitspektrum-Antibiotikum
- ☐ Mückenschutzmittel
- ☐ Insektenstich-Salbe (trotzdem)
- ☐ Mineralsalztabletten
- ☐ Multivitaminpräparat

Proviant
- ☐ 20 Tütensuppen
- ☐ Trockenmilchpulver
- ☐ Traubenzucker
- ☐ Tee
- ☐ Honig
- ☐ Marmelade
- ☐ Margarine
- ☐ Dauerwurst
- ☐ Käse
- ☐ Müsli
- ☐ Nüsse / Rosinen
- ☐ Knäckebrot

Literatur / Karten
- ☐ kleines Wörterbuch Isländisch – Deutsch, Deutsch – Isländisch
- ☐ kleiner Reiseführer
- ☐ Touristenkarte und diverse Spezialkarten

- ☐ Iceland-Road-Guide
- ☐ Roman von Halldór Laxness
- ☐ Schreibzeug und Papier

Sonstiges
- ☐ Fotoausrüstung (Spiegelreflexkamera mit drei Objektiven, kleines Stativ)
- ☐ Filmmaterial (Farbe und Schwarzweiß)
- ☐ Fernglas
- ☐ Gletscherbrille
- ☐ Kompaß
- ☐ Wecker
- ☐ Taschenmesser
- ☐ Taschenschere
- ☐ Brustbeutel mit Geld und Dokumenten
- ☐ Hosenklammern
- ☐ Mundschutz
- ☐ Nylonpackgurte
- ☐ Kerze
- ☐ Waschmittel
- ☐ Rolle Plastiktüten

Ersatzmaterial / Werkzeug
- ☐ 2 Schläuche
- ☐ 2 Decken
- ☐ 2 Bremsklötze
- ☐ Bowdenzüge
- ☐ Flicken, Gummilösung, Schmirgelleinen
- ☐ Ölfläschchen
- ☐ Speichen und Speichenspanner
- ☐ Inbus- und Maulschlüssel
- ☐ Schraubenzieher
- ☐ Flickzeug (Draht, Nylonleine, Gewebeband, Nähzeug, Sicherheitsnadeln)

GLOSSAR ZUM ENTSCHLÜSSELN
GEOGRAFISCHER BEZEICHNUNGEN

á	Fluß	kvisl	kleiner Fluß
brú	Brücke	laug (*pl.* laugar)	warme Quelle
bær	Bauernhof	mýri	Moor
dalur	Tal	mörk	Wald
djúp	Tiefe	núpur	Bergspitze
ey, eyja	Insel	reykur	Dampf
(*pl.* eyjar)		sandur	Sand- und
fell / fjall	Berg		Schuttfläche
fjallgarður (*pl.*	Bergkette	skarð	Paß
fjallgarðar)		skógur	Wald
fjördur	Fjord	staður	Ort
fljót	Fluß	(*pl.* staðir)	
foss	Wasserfall	vað	Furt
gigur	Krater	vatn	See
(*pl.* gigar)		vegur	Weg, Straße
gjá	Spalte	vik	Bucht
heiði	Heide,	vogur	Bucht
	Hochebene	völlur	Platz, Ebene
hnjúkur	Bergspitze	(*pl.* vellir)	
hraun	Lava	Thing	Thingver-
hver	heiße Quelle		sammlung
höfn	Hafen		bzw. -platz
jökull	Gletscher	öræfi	Einöde

175

Literatur vor, während und nach der Reise

Diese Literaturliste erhebt keineswegs den Anspruch auf Vollständigkeit. Sie soll die einschlägigen Titel wiedergeben und spiegelt sicher meine subjektive Auswahl wider.

Reiseliteratur

Hanneck-Kloes, Gudrun Marie: »Reiseführer Island«, Oase Verlag, 26,– DM
> Landschafts- und Erlebnisführer für Individualtouristen, bietet gute Informationen und besondere Hinweise für behinderte Reisende und Touristen mit Kindern

Klüche, Hans: »Island und Färöer-, Shetland-, Orkney-Inseln«, Hayit-Verlag, 26,80 DM
> Zeichnet sich besonders durch interessante Hintergrundinformationen und flotte Schreibe aus, berücksichtigt auch die Färöer; mein Tip

Kreuzenbeck, Ulrich / Klüche, Hans: »Färöer«, Nordis Verlag, 19,80 DM
> Für Leute, die auch die Färöer genau kennenlernen und hier vielleicht sogar eine Fähre überspringen wollen

Polyglott-Reiseführer »Island mit Ost- und Südostgrönland«, Polyglott-Verlag, 6,80 DM
> Ist zwar nicht das Wahre, paßt aber mit seinem guten »Gewicht-Information-Verhältnis« durchaus noch ins Gepäck

Richter, Hans Peter: »Island-Handbuch mit Färöer-Inseln«, Conrad Stein Verlag, 22,00 DM
> Ein gründlicher Reiseführer mit einer Fülle von Material

Steppe, Lisa: »Island«, Reihe »Erwandertes Europa« in der Edition Weltkultur, 16,80 DM
> Ein sehr schöner, subjektiv geschriebener Wanderführer ohne den Anspruch der Vollständigkeit

Abenteuer-Literatur

Moser, Achill: »Abenteuer Island«, Pietsch Verlag, 42,– DM
  Abenteuerreport einer haarsträubenden Faltboot-Odyssee

Tiller / Trobitzsch / Engel: »Abenteuer-Almanach Island – Grönland
– Färöer« Umschau-Verlag, 24,– DM
  Amüsant zu lesen, enthält einige Patzer und einen eher demora-
  lisierenden Radfahrer-Report

Bildbände / Landeskunde

Schutzbach, Werner: »Island – Feuerinsel am Polarkreis«, Ferd.
Dümmlers Verlag, 86,– DM
  Landeskundliches Standardwerk für alle, die sich ein gutes Bild
  von Island machen wollen, zur Vor- und Nachbereitung ideal

Bardarson, Hjalmar: »Island – Portrait eines Landes und Volkes«,
ca. 138,– DM
  Erstklassiger Text/Bildband mit umfassenden Informationen aus
  erster Hand

Deutsch-Isländisches Jahrbuch, herausgegeben von der Deutsch-
Isländischen Gesellschaft in Köln, ca. 18,– DM

Merian: Island, Hoffmann und Campe Verlag, 12,80 DM
  Etwas veraltete, aber gute Schilderung der »Atmosphäre«

Geologie

Gudmundsen, Ari Trausti / Kjartansson, Halldór: »Wegweiser durch
die Geologie Islands«, 24,80 DM
  Verständlich geschriebenes Buch für naturwissenschaftlich Interessierte

Krafft, Maurice: »Führer zu den Vulkanen Europas«, Band I: Allge-
meines – Island, 24,80 DM
  Auch für den Laien ein guter und fundierter Einstieg in die
  Vulkanologie

Schwarzbach, Martin: »Geologenfahrten in Island«, Karawane Verlag, 14,50 DM
  Handliches Büchlein mit anschaulichen geologischen Beschrei-
  bungen

Münzer, Ulrich: »Island – Vulkane, Gletscher, Geysire«, Atlantis
Verlag, 78,– DM
  Reich bebilderte Einführung in geologische Begriffe

Romane / Sagen / Erzählungen

Laxness, Halldór: Vom isländischen Nobelpreisträger sind bei Ullstein und Suhrkamp Taschenbuchausgaben verschiedener Romane erschienen, z. B. »Islandglocke«, »Das Fischkonzert«, »Das wiedergefundene Paradies«, »Atomstation« etc.

Mackert, U. (Hrsg.): »Märchen aus Island«, Fischer Taschenbuch, 5,80 DM

»Sagen und Märchen aus Island«, übersetzt von Dr. Hubert Seelow, 28,70 DM

Magnusson, Sigurdur A.: »Unter frostigem Stern«, Touristbuch Verlag, 32,– DM

Zeitschrift »die horen«, Ausgabe 143: »Island: wenn das Eisherz schlägt«, 12,80 DM
    Eine hervorragende, lesenswerte Vorstellung der isländischen Gegenwartsliteratur (Lyrik, Prosa und Drama)

Sonstige Literatur

Langenscheidts Universalwörterbuch Isländisch, Isländisch – Deutsch, Deutsch – Isländisch, 7,80 DM
    Sehr nützlicher, handlicher Reisebegleiter

Iceland Road Guide, ca. 65,– DM
    Komplettes Straßenverzeichnis (außer Hochlandrouten) mit sehr vielen Hinweisen und Beschreibung sämtlicher Strecken, erscheint ab 1987 auch in deutscher Sprache

Falk-Plan »Reykjavik und Island«, 8,50 DM

Venzke, Jörg-Friedhelm: »Bibliographie zur physischen Geographie Islands«, Schriftenreihe des Arbeitskreises »Norden«, 25,– DM
    Eine nach umfangreichen Literaturrecherchen zusammengestellte Bibliographie nahezu aller im weitesten Sinne geologischen Publikationen, eine echte Fundgrube!